AF402733

FACULTÉ DE DROIT DE DIJON

DROIT ROMAIN

ESSAI

SUR

L'INFLUENCE ET LES ATTRIBUTIONS DES PONTIFES

DANS L'ANCIEN DROIT CIVIL

DROIT FRANÇAIS

LOI DU 19 FÉVRIER 1889

Commentaire des articles II à IV

THÈSE POUR LE DOCTORAT

PAR

Paul GLINEL

LILLE
IMPRIMERIE L. DANEL
1894

THÈSE

POUR LE DOCTORAT

DROIT ROMAIN

ESSAI

SUR

L'INFLUENCE ET LES ATTRIBUTIONS DES PONTIFES

DANS L'ANCIEN DROIT CIVIL

DROIT FRANÇAIS

LOI DU 19 FÉVRIER 1889

Commentaires des articles II à IV

THÈSE POUR LE DOCTORAT

L'ACTE PUBLIC SUR LES MATIÈRES CI-APRÈS

Sera soutenu le Jeudi 15 Mars 1894, à une heure et demie

PAR

Paul GLINEL

Président : M. DUVERDIER DE SUZE, *professeur.*

Suffragants : MM. GAUDEMET, *professeur.*
Louis-Lucas, *professeur-adjoint.*
GÉNY, *professeur.*

LILLE
IMPRIMERIE L. DANEL
1894

DROIT ROMAIN

INDEX BIBLIOGRAPHIQUE.

Accarias. — *Précis de droit romain*, 4ᵉ éd., Paris, 1886-1891.

Bouché-Leclercq. *Les pontifes de l'ancienne Rome*, Paris, 1871.

    »   *Manuel des institutions romaines*, Paris, 1886.

Caqueray (de). *Explication des passages de droit privé contenus dans Cicéron*, Paris, 1887.

Cauvet. *Le droit pontifical chez les anciens romains*, Caen, 1869.

Cuq. *Les institutions juridiques des romains*, Paris, 1891.

Daremberg et Saglio. *Dictionnaire des antiquités grecques et romaines*, (en cours de publication), Paris, 1873-1893.

Denys d'Halicarnasse. *Les antiquités romaines*, traduction de G. F. Le Jay, Paris, 1722.

Dion Cassius. *Histoire romaine*, traduction de Et. Gros et V. Boissée, Paris, 1870.

Fustel de Coulanges. *La cité antique*, Paris, 1876.

Gide. *Etude sur la condition privée de la femme en droit romain*, Paris, 1885.

Gutherius, J. *De veteri jure pontificio urbis Romæ*, Paris, 1612.

Hugo, G. *Histoire du droit romain*, traduction de Jourdan, Paris, 1825.

Hullmann, K. *Jus pontificium der Römer*, Bonn, 1837.

Huschke, E. *Die multa und das sacramentum*, Leipzig, 1874.

Ihering (von). *L'esprit du droit romain*, traduction de O. DE
MEULENAERE, Paris, 1877.

Krueger, P. *Histoire des sources du droit romain*, traduction
de M. BRISSAUD, Paris, 1893.

Marquardt, J. *Le culte chez les romains*, traduction de
M. BRISSAUD, Paris, 1889.

» *La vie privée des romains*, traduction de
M. HENRY, Paris, 1873.

Mommsen, Th. *Le droit public romain*, traduction de M. GI-
RARD, Paris, 1893.

Muirhead (James). *Introduction historique au droit privé de
Rome*, traduction de M. J. BOURCARD, Paris, 1889.

Orelli. *Inscriptionum latinarum amplissima collectio*, Turin, 1828.

Willems P. *Le droit public romain ou les antiquités romaines
envisagées au point de vue des institutions politiques*. Louvain,
1874.

C. I. L. = *Corpus inscriptionum latinarum* (en cours de publication), Berlin, 1868-1893.

ESSAI

SUR

L'INFLUENCE ET LES ATTRIBUTIONS DES PONTIFES

DANS L'ANCIEN DROIT CIVIL

INTRODUCTION

> « Civile jus repositum in penetralibus
> pontificum. . . . . . »
> Tite Live, IX, 46.

La constitution religieuse de l'état romain, œuvre
de Numa, trouvait sa plus haute expression dans le
collège des pontifes que le roi présidait lui-même.
Les cinq membres qui le composaient, choisis parmi
les familles patriciennes, et recrutés par voie de
cooptation, personnifiaient l'autorité suprême dans
les choses de la religion ou du culte, ce qui à Rome
est tout un. On voudra bien se rappeler, pour juger
de l'importance sociale de l'antique institution du
collège pontifical, la fonction prépondérante reconnue à la pratique des cultes dans l'organisme peu

complexe de la société romaine primitive, et d'autre part, on notera le caractère particulier du sacerdoce des pontifes : ils n'exercent leur maîtrise sur le culte qu'au nom de l'état, la religion étant pour ce dernier le meilleur instrument de gouvernement. Si leur rôle capital dans la vie religieuse apparaît à l'évidence, on s'explique moins, à première vue, l'influence et les attributions qu'ils ont pu posséder dans la vie juridique de la cité. Néanmoins cette influence et ces attributions sont indéniables, comme on le verra ; on les rencontre dans le droit public, dans le droit privé, dans le droit criminel et dans le droit civil ; c'est dans le domaine de ce dernier, que nous nous sommes appliqué à en rechercher les traces.

Un rôle, une influence, des attributions reconnues à des prêtres dans le droit civil ? Comment s'expliquer ce fait ? A quelles causes est-il dû ?

C'est d'abord la religion romaine, par sa nature même, faisant de ses hauts dignitaires plutôt des juristes que des théologiens, qui fournit la première explication de cette anomalie apparente. La religion officielle ou le culte, dont les différentes pratiques sont dues aux pontifes, était en réalité une convention, un contrat, réglant les rapports de l'homme avec la divinité et dont les termes comme les éléments, avaient été rigoureusement arrêtés par les membres du collège pontifical. Tout ici, pourrait-on dire, est de droit strict, la prière est une sorte de stipulation, et « la piété donne droit à la fortune. » Du côté humain, l'obligation aux *sacra*, qu'il s'agisse de l'individu, de la famille, de la *gens* ou de l'état, doit être satisfaite, si l'on veut s'assurer la prospérité, que les dieux devront alors procurer en toute justice. « Si l'on trouve que les dieux n'ont pas tenu toutes les conditions du contrat, on s'irrite contre eux et on les maltraite. Quand le peuple apprit la mort de Germanicus pour lequel il avait offert tant de sacrifices inutiles, il jeta des pierres dans les temples, renversa les autels et précipita les statues des dieux dans les rues. On dispute quelquefois sur les termes du traité, et les contractants, comme d'habiles plaideurs, cherchent à se surprendre. Mais le traité une fois conclu, il est juste d'en respecter les termes » (1). Se conformer aux prescriptions des pontifes, interprètes et gardiens de la convention, c'est pratiquer la *pietas*, les dépasser, c'est tomber dans la *superstitio*.

S'agit-il des *sacra publica*, culte liant l'état proprement dit, ce sont les pontifes qui traitent entièrement en son nom. Ils exécutent eux-mêmes les pratiques qu'ils ont inventées. S'agit-il des *sacra*

____

(1) *Revue de l'histoire des religions*, 1881, p. 299 et suiv. Art. de G. Boissier.

privata, les particuliers les accompliront sous la surveillance des pontifes, ou ils répéteront les termes de l'engagement – *votum* – qu'ils tiendront d'eux et par la suite y conformeront leur conduite. La moindre irrégularité, ne fût-ce que le changement d'un mot, aurait entraîné les plus funestes effets. Ainsi le voulait la croyance formaliste des Romains.

On peut comprendre, dès lors, comment cette habitude de leur demander les règles et les termes d'un engagement vis-à-vis d'une divinité, devait conduire naturellement à cette autre, de demander leur concours, quand se présentait l'occasion de passer une convention d'une importance singulière entre particuliers. N'était-ce point pour ces derniers, l'assurance d'un énoncé précis, d'un contrôle utile des obligations stipulées, enfin d'une interprétation éclairée au cas de contestation ?

Ainsi, juristes autant que prêtres, les pontifes étaient, dirons-nous avec Ihering, « les écrivains et les notaires nés de la nation (1) ».

Telle est, semble-t-il, la première considération à faire valoir en faveur de leur qualité de jurisconsultes et de leur influence sur le droit.

Notons aussi la coutume fréquente de prononcer

---

(1) Von Ihering. *Esprit du droit romain*, tome I, p. 299.

un serment à la suite d'une convention arrêtée (1),
serment qui avait cet effet particulier, de rendre
sacré l'engagement qui liait les parties. Après sa
prestation, devenait parjure, celui qui manquait aux
obligations convenues. Tout porte à croire que la
formule de ce serment, qu'il était d'usage de prêter
à l'autel d'Hercule ou à l'autel domestique, était
d'origine pontificale. Cette conjecture est d'autant
plus fondée, que les questions de parjure étaient de
la compétence des pontifes (2). Rien de plus expli-
cable : le mépris du serment n'atteignait-il pas le
dieu pris à témoin ?

Avant de prononcer la peine, dont était frappé
celui qui violait son serment (3), il fallait bien
apprécier les termes de la convention et juger dans
quelle mesure il y avait été ou non satisfait.
L'examen de la question de parjure, n'entraînait-
elle pas nécessairement l'examen de l'engagement
et de ses conditions? Il y avait là une première
préoccupation qui s'imposait. Les choses étant telles,

---

(1) CICÉRON. *De officiis*, III, 31. — « *Nullum enim vinculum ad
adstringendam fidem jurejurando majores artius esse voluerunt.* »

(2) CUQ. *Les institutions juridiques des Romains*, p. 191.

(3) Sans doute, il y eut à une époque deux peines distinctes, l'une
religieuse, l'autre civile; les censeurs prononçaient la seconde et
déclaraient le parjure « *improbus* et *intestabilis* », mais alors la
sécularisation du droit est achevée.

de la compétence en matière de violation de serment à une compétence plus générale en matière de conventions, qu'elles fussent ou non jurées, il n'y avait qu'un pas. Ne fut-il point franchi de bonne heure par la coutume, au profit du tribunal arbitral officieux des pontifes, sinon de leur juridiction, l'existence de celle-ci, au civil, n'étant pas démontrée ? on peut le supposer (3). Quoi qu'il en soit, la connaissance de ce serment et de ses effets, est encore un fait à retenir, parmi ceux que nous recherchons, pour justifier le titre de jurisconsultes reconnu aux pontifes, et pour expliquer, dans une certaine mesure, leur intervention dans le domaine du droit.

Mais ce qui l'explique plus immédiatement, c'est la mission qu'ils avaient reçue de l'état, d'assurer l'exécution des *sacra* et leur transmission régulière. Aussi, à ce titre, vont-ils exercer un contrôle sur les mariages, les adrogations et les successions, où l'existence des *sacra* est particulièrement exposée.

L'examen de l'idée qu'on se faisait du droit et des lois, à l'époque primitive où nous nous plaçons, peut fournir aussi d'utiles renseignements. Comment les concevait-on alors ? « A Rome, dit M. Bouché-

---

(3) Un texte (*Dig. Pomp. de Orig. juris*, I, 2, 2 § 6) qui sera discuté plus loin, autorise cette supposition au moins pour un temps.

Leclerq, la société était si fortement pénétrée par les idées religieuses, que pendant des siècles, elle ne vit dans l'autorité, la loi, le droit, le devoir, que la volonté permanente des dieux. Toute rébellion contre les institutions sociales était une offense à la majesté divine, un péché qu'il appartenait à la religion de juger et de punir. » (1). Le droit, en majeure partie, est le *fas*, d'origine divine, puisqu'il est le résultat d'une révélation faite aux rois par les dieux de la cité, en communication constante avec eux.

Telles apparaissent, en particulier, les *leges regiæ*, dont le dépôt et l'interprétation appartenaient au collège des pontifes (2). Le droit n'y est pas séparé de la religion, le *fas* et le *jus* sont confondus, et ce dernier ne se dégagera de l'autre, que par un mouvement de lente réaction. L'histoire du droit, pendant les premiers siècles, sera avant tout, l'histoire de sa sécularisation, s'imposant sous la poussée populaire.

La loi étant telle, quoi d'étonnant que son interprétation et, il faut donner à ce mot un sens étendu,

---

(1) Voir Bouché-Leclerq : *Les Pontifes de l'Ancienne Rome.* p. 191. — Voir Ihering : *L'Esprit du droit romain*, tome I, p. 266 et tome III, p. 84. — Mommsen : *Le Droit public romain*, tome III, p. 40 à 52. — G. May : *Éléments de droit romain*, p. 18 et 19. — E. Cuq : *Op. cit.*, p. 54. — J. Muirhead : *Introduction historique au droit privé des romains*, p. 19 et suiv.

(2) *Dig. de Orig. Juris.*, I, 2, 2 § 6.

soit entièrement aux mains des pontifes? Ne sont-ils pas les seuls qui puissent véritablement la connaître, puisqu'ils en ont le dépôt; ne sont-ils pas aussi d'ailleurs les seuls, qui, à cette époque, par leur culture d'esprit et leur aptitude aux discussions juridiques, soient capables d'interpréter des textes volontairement laconiques. Ces textes, ils les ont recueillis dans leurs livres où ils ont également consigné les règles interprétatives dont ils sont les auteurs, et que la tradition a reconnues aussi obligatoires que la loi elle-même.

Cicéron, dans le *de legibus* (1), fournit un excellent exemple de cette dualité d'éléments que l'on rencontre dans l'œuvre du législateur de la Rome antique ; le texte et l'interprétation, l'un complétant l'autre, par les soins des pontifes ; l'ensemble formant un tout également obligatoire. « *Perpetua* » *sint sacra : hoc uno posito, haec jura pontificum* » *auctoritate consecuta sunt, ne morte patris* » *familias sacrorum memoria occideret, iis essent* » *ea adjuncta, ad quos ejusdem morte pecunia* » *venerit hoc uno posito, quod est ad cognitionem* » *disciplinæ satis, innumerabilia nascuntur, quibus* » *implentur jurisconsultorum libri.* » On verra, en effet, au chapitre des successions, toutes les

______

(1) Cicéron. *De legibus*, II, 19.

règles de droit que les pontifes avaient déduites de ce seul principe, et qui régirent pendant long-temps le droit successoral (1).

Qu'on ne s'étonne pas, si l'on rencontre ce pou-voir d'interprétation s'exerçant en dehors du domaine religieux. Une question, peu importe l'ordre auquel elle appartient, touche-t-elle par quelque endroit les intérêts du culte? Dans l'organisation de l'état romain à cette époque, l'intervention des pontifes se trouve justifiée : et n'y touchât-elle point, l'habitude où l'on est de solliciter leurs avis, et leur culture juridique reconnue, engageaient à les consulter (2).

S'ils avaient consigné dans *leurs livres* les textes et les règles interprétatives du droit, ils y avaient noté aussi la première jurisprudence recueillie près du tribunal des rois, et surtout, les formules d'actes et d'actions, qui laissèrent une empreinte ineffaçable sur le *jus civile* de l'époque classique (3). Ces livres,

---

(1) Voir le chapitre V.

(2) Voir KRUEGER. *Histoire des sources du droit Romain,* page 38. On lit dans Marquardt. « Ils savaient formuler un engagement (*cavere*) de manière à prévenir toute difficulté; ils indiquaient. en cas de nécessité, la procédure à suivre pour introduire une instance (*agere*). Si l'on ajoute qu'ils donnaient des consultations (*respondere*) et qu'ils rédigeaient des actes (*scribere*), on aura une idée des attri-butions des *juris consulti.* Or, jusqu'à l'établissement de la préture, ces *juris consulti* ne furent autres que les pontifes. » (*Le culte chez les Romains,* tom. I, p. 180).

(3) Voir JHERING, *op. cit.,* tome I, § 22 et tome II, § 41.

ils les gardaient jalousement, n'en faisant connaître
que ce qu'ils voulaient bien, rendant ainsi le public
tributaire de leur science. Le droit, comme le pouvoir de l'interpréter, était ainsi, en quelque sorte,
leur chose.

Voyons succinctement, d'après M. Cuq, les différentes manifestations de ce pouvoir d'interprétation (1). Interpréter, c'est « parfaire la loi », dit
l'éminent professeur. Que faut-il entendre par là ?
C'est d'abord examiner les difficultés auxquelles son
application peut donner lieu, et les résoudre conformément à son esprit ou fournir les éléments pour
le faire. « Parfaire la loi, c'est ensuite déterminer
les rites à observer, soit pour procurer aux droits
qu'elle consacre, la garantie de l'état, soit pour faire
valoir ces droits en justice. » Plus brièvement, c'est
instituer la procédure (2).

En résumant ces considérations, nous dirons que
parmi les causes générales de l'influence des
pontifes dans le droit civil ancien, il faut citer : la
nature contractuelle et formaliste de la religion
faisant de ses prêtres des juristes, et le caractère
nettement religieux du droit et des lois.

Quant aux causes immédiates de leur intervention

------

(1) Cuq. *Op. cit.*, page 146.

(2) *Dig. Pomp. de orig. juris*, I, 2, 2, § 6.

officieuse ou de leurs attributions véritables, dans ce même droit, elles résident ordinairement, pensons-nous, dans l'un de ces deux faits :

1° Ou l'État, les ayant commis à la garde des cultes, les oblige à intervenir d'eux-mêmes, dans les circonstances où la permanence des *sacra* pourrait être en péril ; c'est ainsi que nous les verrons apparaître à l'occasion du mariage, de l'adrogation et du testament ;

2° Ou le public les sollicite, et leur concours s'impose en quelque sorte, à raison de leur culture particulière dans les choses du droit qu'ils sont les seuls à connaître ou qu'ils connaissent le mieux.

Disons en terminant, que nous avons cru devoir examiner quelques pratiques religieuses, comme la *lustratio* et l'usage des *bullae*, à cause des services qu'elles pouvaient rendre, en cas de contestation sur la filiation ou sur la condition des personnes.

CHAPITRE Ier

DE L'ÉTAT CIVIL DES PERSONNES

La *lustratio*, les *bullæ*, le cens, les communautés : *Pagi* et *Vici*.

Les enfants et les petits-enfants, bien que nés *ex justis nuptiis*, ne font pas de plein droit partie de la famille de leur père. Pour qu'ils y entrent complètement, il faut qu'ils aient été associés à son culte domestique.

Sans doute, il existe bien à Rome, comme chez tous les peuples primitifs, un usage consistant en une reconnaissance de l'enfant par le père, au moment de la naissance. L'enfant étant déposé à terre, si le père le prenait dans ses bras, *liberum tollere, suscipere* (1), il manifestait par là l'intention de le conserver et de l'élever; mais, cet usage ayant été satisfait, l'enfant n'était pas encore véritablement de la famille. L'association au culte

----

(1) PLAUTE. *Amph.*, I, 3, 3.

complétait cette appréhension, qui avait surtout pour but, d'affirmer chez le père, son droit de propriété (1). La reconnaissance faisait-elle, à elle seule, naître l'*agnatio?* La question est délicate. Nous penchons à croire que, à notre époque, l'association au culte devait contribuer, pour une part, à la formation de ce lien. La conjecture que nous avançons, se recommande de cette idée, qu'à Rome, comme le dit Fustel de Coulanges, « la famille était une association religieuse, plus qu'une association de nature (2). »

Quoi qu'il en soit, la *lustratio* nous paraît surtout intéressante, par les services qu'elle pouvait rendre, au point de vue civil, quand il s'agissait de prouver la filiation d'un enfant. Des contestations s'élevaient-elles sur cette question? on ne devait point manquer d'entendre les témoins que comportaient les cérémonies lustrales obligatoires à notre époque.

Voyons en quoi elles consistaient :

Après la naissance, au jour dit, soit pour un garçon, le neuvième, pour une fille, le huitième (3), devant l'assemblée des membres, des clients et des serviteurs de la famille, l'enfant recevait de ses

____

(1) Cuq, *op. cit.*, p. 161 et 162.

(2) Voir la cité antique, au chapitre de la famille, p. 40.

(3) Festus, v° *lustrici dies.*

parents la consécration religieuse et était placé sous le patronage d'innombrables divinités. Des formules pour cela étaient nécessaires ; c'est dans les *indigitamenta*, sorte de code de procédure religieuse, d'origine pontificale, qu'on en trouvait le détail (1). Puis venait la collation du nom (2). Enfin, après un sacrifice, la maison entière se donnait à des réjouissances que terminait un repas.

Les nombreux témoins de ces pratiques accomplies dans l'enceinte du foyer, n'étaient point que de simples spectateurs. L'usage voulait, en effet, que les amis de la famille et même les esclaves, offrissent des cadeaux à la mère, au cours de la cérémonie. C'est à cette coutume qu'il est fait allusion, dans le *Phormion* de Térence (3). L'esclave Dave la déplore amèrement ; il montre comment lui et ses pareils s'appauvrissent, tandis que la famille de son maître prospère et voit le nombre de ses enfants augmenter.

Toutes ces prescriptions religieuses une fois satisfaites, le chef de la famille devenait le protecteur de l'enfant reconnu et consacré, et acquérait sur lui la magistrature domestique (4).

Signalons encore une pratique que le vieux droit

---

(1) BOUCHÉ-LECLERCQ. *Manuel des Institutions romaines*, p. 467.
(2) J. MARQUARDT. *La vie privée chez les Romains*, p. 99.
(3) TÉRENCE. *Phormio*, acte I, scène I.
(4) CUQ, *op. cit.*, p. 162.

religieux édictait : c'est l'usage des *bullæ*. Il voulait que l'on passât au cou des enfants nouveau-nés et reconnus, un médaillon, le plus souvent en forme de cœur, contenant une amulette qui préservait des maléfices. Les garçons la portaient jusqu'à 17 ans, époque où ils prenaient la toge, les filles jusqu'à leur mariage. La signification de cette pratique au point de vue civil n'échappe pas ; en effet, les *pueri bullati* étaient tous *ingenui* au dire de Suétone (1). En or, pour les fils de sénateurs et de chevaliers, en cuir pour les enfants de condition moindre, la *bulla* est dite « *insigne ingenuitatis* » (2).

Parmi les nombreux faits relevant, en totalité ou en partie, du vieux droit pontifical et qui assuraient la constatation du *status personæ* et de l'*ætatis probatio* indispensables à connaître en mainte occurrence, il faut citer après la *lustratio* et l'usage des *bullæ*, l'institution si complexe du cens et l'agrégation à certaines communautés ayant à leur tête des prêtres-magistrats.

On sait quelle fut l'importance de l'œuvre de Servius Tullius dans l'état romain. Répondant à la fois à des intérêts religieux, politiques et juridiques, le cens qu'il institua, constituait l'organisation

---

(1) SUÉTONE. *De Claris Rhet.* I, 1.

(2) Joachim MARQUARDT. *La vie privée chez les Romains*, p. 102.

simple de la société romaine divisée en classes, d'après la fortune d'abord, ensuite d'après le domicile. Rappelons que cette division en classes avait été faite en vue de l'établissement de l'impôt, du vote des lois, de l'élection à quelques grandes magistratures, de la reddition solennelle de certains jugements et d'une juste distribution du service militaire. Il est inutile d'étudier ici le mécanisme du cens, il importe d'insister seulement sur deux points qu'il faut mettre en lumière, à savoir : premièrement, le cens avait un caractère religieux dominant, et les pontifes devaient avoir leur part notable dans ses opérations ; secondement, le dénombrement quinquennal de la population auquel il aboutissait, était établi, en partie tout au moins, à l'aide d'éléments fournis par des prêtres-magistrats , sur lesquels les pontifes exerçaient leur juridiction.

Quelles étaient donc, sous la royauté, les autorités chargées de procéder au cens tous les cinq ans ? On ne trouve, dans aucun auteur, de réponse formelle à cette question. Nous savons simplement par le récit que nous en font Denys d'Halicarnasse (1) et Tite-Live (2) que le roi Servius en personne fit le premier, mais on ne voit nulle part que ses successeurs aient

---

(1) Denys d'Halicarnasse. *Op. cit.* IV § 15.
(2) Tite-Live. I § 44.

imité son exemple. On peut raisonnablement conjecturer qu'à cette époque, c'était au collège des pontifes ou à des prêtres, ses subordonnés, qu'était
confié le soin de faire rédiger les listes des citoyens
recensés, qui, plus tard, furent établies successivement par les consuls, les tribuns militaires et enfin
les censeurs (1). On est d'autant plus porté à faire
cette supposition, que l'on sait quelle part était faite
aux pontifes, dans le fonctionnement des institutions
publiques à cette époque, et qu'avant le recensement
avait lieu une cérémonie religieuse, d'où dépendait
la régularité des opérations. Cette cérémonie consis-
tait en une purification – *lustrum* – que le roi
Servius accomplit lui-même la première fois, ainsi
que le rappelle Denys d'Halicarnasse (2).

Pour les autres recensements, le roi se reposa-t-il
du soin de leur exécution sur le collège des pontifes,
comme il le faisait dans d'autres circonstances
importantes de la vie publique, par exemple pour
la convocation des assemblées comitiales ? On peut
le supposer.

Voici une autre idée qui incite à penser que pendant la période royale, le cens se faisait sous le
contrôle des pontifes, et elle peut paraître décisive :

---

(1) J. MARQUARDT. *La vie privée chez les Romains*, p. 104.
(2) DENYS D'HALICARNASSE, IV § 22.

c'est la façon, très particulière, par laquelle on arrivait à la confection de la liste quinquennale.

Pour en assurer la complète exactitude, Servius prescrivit la rédaction de listes partielles. Or, qui donc dressait ces listes partielles ? Des prêtres, subordonnés des pontifes. Les listes qu'ils établissaient correspondaient, non à des groupements artificiels créés en vue d'une organisation administrative, mais à des agglomérations préexistantes que le temps et des intérêts communs avaient seuls constituées. Servius, en présence de ces groupements appelés *vici* à la ville et *pagi* à la campagne, se contenta de leur accorder la consécration officielle. Il fit, en quelque sorte, de ces associations, « des communes ou des sections de commune » (1) ayant une certaine autonomie et même une « personnalité civile » (2). Elles ont à leur tête un magistrat-prêtre, nommé pour un an : le voilà, le véritable censeur. Il a mission de dresser un état civil des personnes qui vivent sous son autorité.

C'est d'une manière assez originale que les habitants des *pagi* et des *vici* doivent lui faire toutes les déclarations nécessaires. Chaque année, il préside aux sacrifices et aux réjouissances publiques qui

____

(1) P. DE TERNAS. *Le jus suffragii.* — Thèse pour le doctorat. Paris, 1891, page 51.

(2) MOMMSEN. *Le droit public romain*, VI, I partie, p. 133.

sont en usage dans ces communautés et qu'on nomme *paganilia* ou *compitalia*, suivant les milieux. Dans ces fêtes, a lieu, véritablement, la constatation de l'état civil des personnes. Là, chacun des assistants remet au prêtre dont il vient d'être parlé, un jeton de forme différente suivant l'âge et le sexe (1).

D'autre part, et en temps ordinaire, « le père de famille doit déposer, sous forme d'aumône, une pièce de monnaie, soit au temple de Lucine quand sa femme accouche, soit au bois sacré de Vénus quand un de ses enfants meurt, soit au trésor de la jeunesse quand son fils revêt la toge prétexte » (2).

Les prêtres qui recueillent ces jetons et ces pièces de monnaie, ne se contentent pas de les compter, ils dressent encore des actes sur lesquels figurent, à côté du nombre et de la valeur des offrandes, les noms des donataires. Ce dernier point est attesté par Denys d'Halicarnasse. (Liv. IV § 15). Par ces actes, véritables listes de recensement local, s'établissait, sur des bases exactes, le recensement quinquennal et aussi l'état civil des personnes recensées.

En résumé, on voit que, par ces différentes pratiques religieuses, dont la surveillance et la garde

---

(1) DENYS D'HALICARNASSE, IV, 4, 8, 9.

(2) P. DE TERNAS. *Op. cit.*, page 51.

appartenaient aux pontifes, les plus grands services pouvaient et devaient être rendus au droit civil et que, par eux, se trouvaient indirectement mais réellement, assurées la connaissance et la preuve de l'état civil des personnes (1).

---

(1) Voir DE FRESQUET — *De la preuve en droit romain,* p. 38.

CHAPITRE II

DU MARIAGE

La *Confarreatio* et les Pontifes. — Sa réglementation. — Importance historique de cette institution. — De l'*Enuptio*. — De la **Diffarreatio**.

Pendant la période royale, la *confarreatio* est la seule forme de mariage usitée parmi les *patres*. Cette union consacrée par les pontifes, au nom de l'état, est alors aussi, la seule véritablement légale.

Les pontifes en cette matière, avaient deux raisons spéciales pour intervenir : 1° le mariage, à cette époque est, avant tout, un acte religieux, dont ils doivent constater la validité ;

2° le mariage, en s'effectuant, pouvait mettre en péril la perpétuité des *sacra* héréditaires.

La validité résultait de la stricte observance de certains rites dus aux pontifes et de formules sacramentelles (*certa solemnia verba*) que le délégué du collège, présent à la cérémonie, prononçait lui-même.

Le péril auquel étaient exposés les *sacra*, venait de

ce que, la femme passant sous la puissance maritale, rompait à ce moment, tout lien de religion et de parenté avec sa famille, dont elle abondonnait le culte. Les représentants officiels de la religion devaient se prémunir contre les conséquences possibles de cet abandon et de cette rupture.

Qu'on nous permette de remarquer, que la rupture de la parenté semble bien n'être ici qu'une suite de la rupture religieuse. Si la femme cesse d'être héritière dans sa famille d'origine, pour le devenir dans celle de son mari « *loco filiæ* », si ses biens propres, sa dot, sa personne peut-être même, vont sans rémission ne plus appartenir à son père, c'est qu'elle a renoncé au culte de ce dernier, à ses *sacra privata et gentilicia* pour en adopter d'autres : ceux de son mari. Tel est, nous semble-t-il, le droit primordial du mariage *confarreatione*, qu'on pourrait définir : un acte religieux ayant des effets civils.

Sans doute, aux temps classiques, la *confarreatio* ayant presque disparu, et le mariage étant devenu un acte purement civil, accompli par l'échange des consentements, suivi d'après l'opinion générale de la tradition de la femme, il y eut toujours quelques cérémonies religieuses avant ou après la célébration du mariage, mais elles étaient, à cette époque, le résultat de coutumes fortement enracinées dans les mœurs, et auxquelles la loi restait complètement étrangère. Toutes différentes étaient les prescriptions de la *confarreatio* ; elles obligeaient au point de vue civil comme au point de vue religieux.

Nous allons maintenant en faire un court examen. Gaius, dans un passage de ses commentaires donne de la *confarreatio* la description suivante : « *Farreo* » *in manum conveniunt uxores per quoddam genus* » *sacrificii quod jovi farreo fit, in quo farreus panis* » *adhibetur, inde confarreatio dicitur. Sed complura* » *præterea hujus juris ordinandi gratia cum certis* » *et solemnibus verbis, præsentibus decem testibus* » *aguntur et fiunt.* » (1). Ulpien plus sobre de détails dit brièvement : « *Farreo convenit uxor in* » *manum certis verbis et testibus decem præsentibus,* » *et solemni sacrificio facto, in quo panis quoque* » *farreus adhibetur* ». (1). De tout cela il ressort que la *confarreatio* tire son nom d'une particularité ; avant d'offrir aux dieux, suivant l'usage, le sacrifice d'une victime, les futurs époux faisaient le tour de l'autel qui avait été préparé dans leur demeure, précédés d'un enfant portant un pain de froment appelé « *Far* ».

Ce pain, qui était consacré à Jupiter Farreus, était ensuite partagé par les époux et jeté dans le feu disposé pour le sacrifice. Le *far* « *pium* », ou farine

---

(1) Gaïus. (Révision de Studemund). I. 112 et 136.
(1) Ulpien. Frag. 9. I. Voir aussi Pline, XVIII, 3, 10.

sacrée, qui servait aussi dans d'autres cérémonies religieuses que celles du mariage, était préparé par les vestales (1). Le *far* était évidemment un symbole ; mais il est difficile d'en préciser la signification. Nulle part, elle n'est formellement rapportée. Denys d'Halicarnasse, cependant, remarque que tous les sacrifices étaient précédés de cette offrande du *Far*. « Ainsi, dit-il les Romains qui regardaient le froment comme la plus ancienne et la plus précieuse des semences, ne manquaient jamais, dans les sacrifices où l'on brûlait des victimes, de commencer par présenter aux dieux du froment » (2). Puis une victime, on ne sait trop laquelle, était offerte. Après le sacrifice, les époux s'asseyaient sur deux sièges recouverts et réunis par la peau de la victime, « image palpable des liens de la religion et de la chair qui les unissaient désormais » (3).

La solennité de la *confarreatio* s'accomplissait non dans l'intimité de la famille, mais publiquement, en présence du grand pontife ou tout au moins d'un membre du collège pontifical, du flamine de Jupiter et de dix témoins.

La présence du pontife qui présidait la cérémonie

---

(1) CLARISSE BADER. *La femme romaine*, p. 16 (Paris 1877).

(2) DENYS D'HAL. *Op. cit.*, II, XXV.

(3) BOUCHÉ-LECLERCQ. *Les pontifes*, page 205.

était indispensable, cela s'explique. C'est lui qui dira la formule sacramentelle dont le collège a la garde et que, seul, il possède. Ce sont les « *certa et solemnia verba* » dont parle Gaius et qui devaient être prononcées à peine de nullité du mariage. Aucun historien ne nous en a conservé la teneur, mais tous s'accordent à en reconnaître le caractère d'absolue nécessité. Nous verrons bientôt que le sens et la portée de cette formule devaient varier suivant que les époux appartenaient ou non à la même *gens*.

La présence du *Flamen Dialis* trouve son explication naturelle dans ce fait que le *far* était consacré à Jupiter ; il convenait que le prêtre chargé de son culte et qui en répondait devant l'état, s'assurât qu'il y avait été satisfait par l'offrande du pain sacré ; quant aux dix témoins que le droit pontifical exigeait, leur signification a été contestée. Sans doute et en dernière analyse, c'est le prince, l'état qu'ils représentent ; ils seront les témoins d'un acte dont la régularité intéresse grandement la cité, mais plus immédiatement : de qui sont-ils les délégués ?

Marquardt (1) pense que ces dix personnes représentaient les dix *gentes* qui composent la curie, mais, outre que l'on voit peu que la curie se composait nécessairement de dix *gentes*, cette explication

―――――――

(1) Marquardt. VII, 36.

devient insuffisante pour le cas où les époux n'appartiennent pas à la même curie. Il vaut mieux avouer avec M. Cuq que l'on ignore comment étaient choisis ces dix témoins. C'était un nombre fixe ; voilà qui est certain, il devait avoir sa raison d'être ; on peut seulement conjecturer que le choix devait varier, suivant que les époux appartenaient à des *gentes* de la même curie ou à des curies de la même tribu ou enfin à des tribus différentes.

Tels étaient les traits principaux de cette solennité et les personnages divers que l'on y rencontrait.

Il peut maintenant être utile d'examiner brièvement l'histoire de cette antique institution, avant d'en voir la portée et les effets. Une controverse s'est élevée sur la question de savoir si la *confarreatio* était bien la plus ancienne forme de mariage usitée chez les Romains. M. Cuq, s'appuyant sur une conjecture formulée par M. Bouché-Leclercq, dans son *manuel* (1), trouve très contestable cette affirmation : la *confarreatio* est la plus ancienne forme du mariage. « Ce qui caractérise, en effet, dit-il, cette solennité, c'est l'offrande à Jupiter du gâteau d'épeautre, or, la première fois que Jupiter apparaît à Rome, c'est lors de l'annexion de l'Esquilin du Palatin ; le pacte fédéral fut placé sous la

---

(1) Bouché-Leclercq. *Manuel*, p. 488.

protection de Jupiter Stator et le Flamine Dialis fut
vraisemblablement institué à cette occasion. La
confarreatio, telle que nous la connaissons, n'était
donc pas la forme du mariage usitée chez les habitants du Palatin » (1). Sans doute, il est maintenant
démontré que les trois bourgades qui occupaient le
Palatin et formaient la cité primitive avaient choisi
comme culte commun, national, celui de Mars, et
que, bien près d'elles, les trois bourgades Esquilines
qui furent annexées bientôt, avaient de leur côté
choisi celui de Janus et de Junon. Sans doute aussi le
Palatin et l'Esquilin réunis honorent Jupiter Stator
comme protecteur de l'état agrandi, gardien et garant
du pacte fédéral, mais il ne nous paraît pas exact de
dire que la première fois que Jupiter apparaît à Rome,
c'est lors de l'annexion de l'Esquilin au Palatin. Si on
veut parler spécialement du culte de Jupiter «Stator»,
peut-être pourrait-on le faire avec quelque vraisem-
blance. Cependant, il faut reconnaître que M. Bouché-
Leclercq, sur lequel on prétend s'appuyer, ne va pas
jusque-là (2). Bien au contraire, non seulement
Jupiter fut honoré de tout temps au Palatin, mais le
titre même de « Stator » a été retrouvé inscrit en
haut de la Velia, l'une des trois parties de la cité

---

(1) Cuq, *op. cit.*, 215.

(2) Bouché-Leclercq. *Manuel,* p. 228, note 3.

Palatine. Et ce titre, la tradition en attribuait la
paternité à Romulus. Celui-ci, reconnaissant, l'avait
voué au dieu qui un jour avait arrêté les Sabins. Il
ne pouvait être question, à ce moment du culte
fédéral partagé par les habitants des deux monts qui
plus tard se réunirent. On ne saurait donc admettre,
du moins avec les preuves mises en avant actuellement, l'induction de l'éminent professeur. D'autant
que, si la base de son raisonnement, encore une fois,
est contestable, sa conclusion contredit l'opinion de
tous les auteurs et des anciens historiens.

Quelle aurait donc été cette forme primitive du
mariage admis à Rome, autre que la *confarreatio?*
Nulle part nous n'en voyons la trace : partout, au
contraire, on cite la *confarreatio* comme l'antique
forme. Le meilleur témoignage que l'on puisse invoquer est le texte même de la loi que Romulus porta
sur le mariage et qui nous a été conservée par
Denys d'Halicarnasse dans son livre des *antiquités
romaines* (1), le voici : « Uxor *farreatione* viro juncta,
in sacra et bona ejus venito ». Il paraît donc bien
établi que la *confarreatio* fut à Rome, la forme première et légale du mariage des citoyens. Elle resta
le privilège des membres de la cité, des patriciens
jusqu'à la loi *Canuleia* (2). Ces derniers durent donc,

---

(1) DENYS D'HALICARNASSE. *Op. cit.*, II, XXV.
(2) En l'an 310, de Rome.

jusqu'à cette époque, pour acquérir l'entier développement de leurs droits, et surtout l'aptitude aux charges publiques, ne se marier qu'entre eux et suivant ce mode.

Quant aux enfants qui naissaient du mariage « *farreo* », ils héritaient seuls de la noblesse de leurs parents. Sans cette offrande mystique du *far*, ces enfants qui portaient le titre de « *patrimus* » et de «*matrimus*» seraient demeurés incapables de prendre les auspices. C'est là une remarque importante à faire. On n'ignore pas que le droit d'auspices fut, même aux derniers siècles de Rome, l'accompagnement obligé des grandes charges de l'État.

Cela est si vrai que, lorsque le droit et les institutions se furent sécularisés, après les luttes incessantes des plébéiens par leurs tribuns, allant à la conquête de droits nouveaux, ou lorsque les patriciens eux-mêmes eurent déserté l'usage de la *confarreatio* et des anciennes pratiques religieuses, les magistrats étaient le plus souvent obligés de se faire assister d'une personne née de parents mariés avec *confarreatio*, mais étrangère à leur fonction qu'ils ne pouvaient plus exercer, ne pouvant prendre les auspices. C'est ainsi que Cicéron (1), dans son discours sur la réponse des aruspices rapporte que, de son

---

(1) Cicéron. *De arusp. resp.*, § XI.

temps encore, un jeune enfant *patrimus* assistait les
édiles dans la célébration des grands jeux. La loi
Canuleia, votée sous la pression populaire porta le
premier coup aux privilèges de la race patricienne,
elle accordait le *connubium* aux plébéiens, permettant
ainsi le mariage entre ces derniers et les patriciens.
C'était la confusion des sangs que les familles nobles
redoutaient tant, le trouble apporté dans la religion
et dans les cultes (1). Ce dernier point était surtout
celui que les consuls faisaient valoir contre les
paroles hardies du tribun Canuleius, mais ce fut en
vain ; la loi fut votée et un demi-siècle plus tard, le
consulat lui-même devenait accessible aux plébéiens. L'égalité entre les deux ordres était consacrée, la séparation de l'élément civil et de l'élément
religieux était faite définitivement dans l'État et
dans le droit romain, la sécularisation était complète.

Il est remarquable de voir que c'est à propos de la
confarreatio et des avantages qu'elle conférait que
s'engagea dans Rome, cette lutte qui bouleversa la
cité telle que les rois l'avaient faite avec son organisation primitive. La situation occupée par les pontifes dans la vie juridique n'aura plus rien d'officiel,
leur intervention abolie plutôt par la loi que par les

____

(1) Tite-Live. Livre IV,72. « Quam enim aliam vi connubia promiscua
habere, nisi ut, ferarum prope ritu, vulgentur concubitus plebis patrum
que, ut qui notus sit ignoret cujus sanguinis, quorum sacrorum sit! »

mœurs deviendra rare, leur influence sur les institutions et la législation, leur pouvoir d'interprétation ira se perdant.

De la loi *Canuleia* à l'empire où l'on trouve encore des traces certaines de l'existence de la *confarreatio*, quel fut le sort de cette antique institution ?

Il est assez difficile de le préciser; si elle demeure intacte, soigneusement gardée au sein du collège pontifical, elle n'est plus observée obligatoirement que dans quelques familles nécessairement patriciennes et où se recrutaient les dignitaires des principaux cultes. C'est ainsi que nous voyons Gaius qui vivait sous Adrien, écrire dans ses commentaires. « *Quod jus etiam nostris temporibus in* » *usu est, nam flamines majores, id est diales, mar-* » *tiales, quirinales, sicut reges sacrorum, nisi confar-* » *realis nuptiis nati inaugurari, non videmus* » (1). Mais dans les familles sacerdotales elles-mêmes, la *confarreatio* tomba en désuétude et sous le règne de Tibère, alors qu'il s'agissait de choisir des flamines, on trouvait difficilement des patriciens nés d'un mariage *farreo*. L'an 23 de notre ère, le sacerdoce de Jupiter faillit rester vacant, comme d'ailleurs il l'avait été pendant près de 75 ans, à la fin de la

––––––––––

(1) GAIUS. Com. I § 112.

République (1). On trouve encore cependant, sous l'empire, « un *sacerdos confarreationum et diffarreationum* » (2).

Nous connaissons déjà les effets de la *confarreatio* par rapport aux enfants. Rappelons-les : ils portent le titre de « *patrimus* et de *matrimus* », indiquant leur noble origine. Ils ont l'aptitude à toutes les fonctions publiques et à tous les sacerdoces, pendant longtemps leur privilège.

Voyons brièvement les effets de l'institution confiée aux pontifes, par rapport à la femme.

Dans tous les cas, quelle que soit la situation de la femme avant son mariage, *sui juris* ou *alinei juris*, le premier effet civil de la *confarreatio* est de la soumettre à la *manus* du mari. On sait que la *manus* suppose le plus souvent une *capitis diminutio*, c'est-à-dire une rupture religieuse emportant un changement de famille irrévocable. C'étaient évidemment les *solemnia verba* prononcées par le délégué du collège pontifical qui l'accomplissait ; mais l'importance et la portée de ces *solemnia verba* différaient suivant deux cas principaux : 1° les futurs époux appartiennent à la même *gens*, ils ont un culte commun, les *sacra gentilicia*, la rupture religieuse

____

(1) Tacite. Annales III, 58.
(2) Voir Orelli. *Op. cit.*, N° 2648

ne porte plus donc que sur le culte du foyer, puisque la femme abandonne celui de sa famille pour adopter celui de son mari; 2° les futurs époux appartiennent à des *gentes*, à des curies ou à des tribus différentes : ici, la rupture est complète et *capitis diminutio* véritable.

Qu'on le remarque, dans tous les cas, comme cela se passera pour l'adrogation, le pontife ne doit prêter son concours au mariage, le consacrer, qu'après s'être assuré que, ce faisant, il ne compromet pas les intérêts du culte ou ceux de la *gens* (1). Dans la première hypothèse, les fiancés appartenant à la même *gens*, on ne peut guère avoir cette crainte. Ils restent obligés aux mêmes cultes et soumis au même chef. Ni les intérêts du culte, ni ceux de la *gens* ne pouvaient se trouver menacés. Si la *manus*, résultat normal de la *confarreatio*, naissait, faisant passer les biens de la femme aux mains du mari, la fortune de la *gens* ne pouvait s'en trouver amoindrie, puisque ces biens n'en sortaient pas. Rien n'était compromis et ne pouvait l'être. Le rôle du pontife apparaît donc ici singulièrement diminué. Toute différente devait être son intervention dans la seconde hypothèse. Ici, va s'exercer en son entier, le pouvoir des pontifes en matière de mariage. Non seulement

––––––––––

(1) Cuq. *Opus. cit.*, p. 218.

ils seront juges, comme dans tous les cas, des empê-
chements qui pourraient résulter de la parenté, de
l'âge ou d'une autre circonstance (1); mais leur
attention va surtout porter sur la perturbation qui
peut se produire dans les *sacra* de la *gens* de la femme,
et accessoirement dans sa fortune. La situation ici
est toute autre. On se trouve en présence d'une
exogamie (*enuptio*); elle est demandée aux pontifes
qui, seuls, s'éclairant des avis des membres de la
gens, peuvent s'y opposer. Ne compromet-elle aucun
des intérêts déjà signalés, alors elle sera accordée.
Encore n'apparaît-il pas que dans l'origine, l'*exogamie* ait été jugée favorablement par la théologie
pontificale, mère du droit civil. Par la suite, il est
vrai, le désir de voir se resserrer les liens qui devaient

---

(1) Voir IHERING. *L'Esprit du droit romain*, tome I, page 295.

A une époque avancée de l'histoire romaine, on trouve encore des
traces de ce pouvoir des pontifes en matière de mariage. Dion Cassius
raconte que Auguste, après avoir enlevé Livie, femme de Tibérius
Claudius Nero, alors qu'elle était enceinte de six mois des œuvres de
ce dernier, demanda l'avis des pontifes avant de l'épouser : « Comme
» César, incertain, demandait aux pontifes, s'il lui était permis de
» l'épouser malgré son état de grossesse, ils répondirent que si la
» conception était douteuse, il fallait différer le mariage, mais que la
» chose étant avérée, rien n'empêchait qu'il eût lieu dès à présent.
» Décision que peut-être ils trouvèrent dans la jurisprudence transmise
» par les ancêtres, mais que, en tout cas, ne l'y eussent-ils pas trouvée,
» ils auraient néanmoins renduc. » Voir la traduction de Gros et
Boissée, tome 6, p. 385 et 386.

TACITE rapporte le même fait. Voir les ANNALES I, 10. « Consulti per
ludibrium pontifices....... »

unir les groupements sociaux, la nécessité d'éviter la puissance exagérée de telle ou telle maison, dont l'éclat et la fortune pouvaient devenir une menace pour la cité, et peut-être aussi, la connaissance probable du danger physiologique pour la race, d'encourager et de provoquer trop longtemps des unions dans un même milieu, quelquefois fort restreint, comme pouvait l'être une *gens* (1), tout cela réuni, mit en faveur, à une certaine époque, les mariages entre membres de *gentes*, de curies et de tribus différentes, pourvu cependant qu'ils appartinssent à l'ordre des patriciens. Néanmoins, cette condition, il faut le reconnaître, perdit peu à peu de son exigence, et l'exogamie dont la fréquence augmentait, s'exerça dans d'autres milieux, quand des traités internationaux ou des lois eurent reconnu le *connubium* à la classe de personnes à laquelle appartenait la femme que l'on voulait épouser. La loi *Canuleia* en est une preuve.

C'est donc l'action du pontife qui va réaliser l'*enuptio*, visant un double but auquel devaient se référer les *solemnia verba*.

En effet, il s'agit d'abord, en ménageant les intérêts que nous connaissons, de détacher la femme du groupe religieux dont elle fait partie ; ce sera l'objet

---

(1) Voir Cuq. *Op. cit.*, page 219.

de la « *detestatio sacrorum* », qui la rendra étrangère à sa *gens*, à son culte, lui enlevant sa qualité d'héritière ; puis la « *communio sacrorum* » aura pour effet de la rattacher à la *gens* de son mari, où d'autres droits naîtront pour elle ; la formule sacramentelle, les *solemnia verba* opéreront ce double résultat.

La *confarreatio* accomplie, naissait la *manus*. Il ne rentre pas dans notre cadre d'étudier la *manus* ; qu'il nous soit permis, cependant, de signaler brièvement, à ce propos, ce que Paul Gide considère comme une erreur courante (1).

D'ailleurs, à l'époque où nous nous plaçons, avant la loi *Canuleia*, la *manus* est une suite nécessaire de la *confarreatio*, œuvre des pontifes ; nous ne sommes donc pas complètement en dehors de notre sujet, en nous arrêtant un instant sur ce point.

Sans tenir grand compte des distinctions nécessaires et correspondantes à des temps différents, à cette question : quelle était la situation de la femme dans sa nouvelle famille ? On répond généralement : elle était « *loco filiœ* » ; ce sont les textes qui le disent et « s'attachant, dit Gide, à la lettre même de cette formule, on considère la *manus* comme identique à la puissance paternelle, et analogue au

------

(1) Gide. *Opus. cit.*, pages 99, 118 et suiv. 141.— Voir aussi P. Willems. *Les antiquités romaines*, p. 69.

pouvoir du maître sur l'esclave ». On en conclut avec un semblant de logique : le mari a donc sur sa femme, de même que sur ses enfants, le *jus vitæ necisque* et même on en donne des exemples (1). « Pour bien montrer combien cette interprétation littérale est abusive, il suffirait de l'appliquer aux textes qui disent que l'enfant *in mancipio* est « *loco servi* » ou que le *bonorum possessor* est *in omni causâ* « *loco heredis* ».

La *manus* par elle-même ne confère aucune *potestas* au sens juridique du mot, s'exerçant sur la personne, mais donne naissance à une sorte de régime qui, tout comme la tutelle, s'exerce principalement sur les biens, « mais au profit du mari ».

Gide prétend l'établir par des preuves de texte et par des preuves morales qu'il nous est impossible de rapporter ici.

Encore une fois, la *manus* n'ajoute rien à la puissance maritale, elle ne modifie pas les rapports de personne des deux époux, mais leurs intérêts pécuniaires. C'est à ce seul point de vue que la femme *in manu* est « *loco filiæ* ». Par la *conventio in manum*, la femme entrant dans la famille du mari, le patrimoine de celui-ci se verra augmenter de tout ce qu'elle possède et de tout ce qu'elle acquerra.

---

(1) ACCARIAS. Tome I, page 310.

Et quand il mourra, elle prendra une part d'enfant
« *loco filiæ* » et s'il n'y a pas d'enfant, elle recueillera
toute la fortune (1). « Si j'osais employer ici le langage
du droit moderne, dit Gide, je dirais que c'est une
espèce de régime nuptial, et ce régime se rapproche
de ce que nous appelons aujourd'hui une communauté universelle ». « Dans un sens plus étendu que
celui de nos lois, le mari en est le chef et le maître. »

Ainsi apparaîtrait la *manus* née de la *confarreatio*,
telle que l'avaient organisée les *leges regiæ*, telle
qu'elle avait été confiée aux pontifes. S'il ne nous
appartient pas de juger cette façon de concevoir la
manus, nous pouvons tout au moins remarquer
qu'elle paraît conforme à la condition honorée de la
femme, aux premiers siècles de la cité. Au lieu de cet
être inférieur sur qui le mari aurait eu tout pouvoir,
comme nous la représentent certains auteurs, nous
voyons la femme, épouse ou mère, dans une situation
pleine de dignité et de noblesse, vivant librement,
entourée de la considération générale, associée de
son mari qui ne l'appelle que « *domina* », entrant
en participation de toutes ses richesses (2) et de son
rang social, et disant fièrement au moment où elle
franchit le seuil de sa nouvelle demeure : « *Ubi tu*

----

(1) Denys d'Halicarnasse. Livre II, § 25. — Ce paragraphe serait
à citer en entier.

(2) Denys d'Halicarnasse. *Ibidem*.

Gaïus, ego Gaïa ». Cette attitude était bien la suite naturelle du caractère élevé du mariage, à ce temps, une union sacrée et indissoluble.

En séparant, pour toujours, la femme de son ancienne famille, en confondant tous ses intérêts avec ceux de son mari, la loi ne faisait que répondre au vœu même des époux. En effet, la religion leur faisait un devoir de mettre tout en commun. Entre eux, tout devait se passer à l'image de la *communio sacrorum*; le même culte les obligeait, ils devaient partager, et à toujours, les mêmes pratiques religieuses, et par voie de conséquence, le même sort et la même fortune. La société religieuse était ici la cause et le modèle de la société civile et il ne dépendait pas d'eux de la rompre et de se séparer. Sans doute, il existe bien quelques causes de répudiation (1), mais les exemples en sont presque inconnus et la possibilité de ces ruptures était entourée de telles garanties, qu'on ne saurait voir là une brèche sérieuse à l'indissolubilité du lien conjugal romain à cette époque.

D'une part, en effet, ce n'est pas le mari qui exercera le droit de répudier; mais c'est le tribunal domestique, composé des membres de la famille, qui prononcera. Peut-être un représentant de l'auto-

____

(1) L'adultère, la stérilité de la femme, la supposition d'enfant.

rité religieuse assiste-t-il à ses délibérations. Dans tous les cas, c'est un pontife qui accomplira la rupture du lien religïeux dans une cérémonie d'un caractère lugubre : « La *diffarreatio* », qui comporte une *detestatio sacrornm*. Au préalable, la femme devait offrir un sacrifice expiatoire en présence des membres de la famille dont elle allait quitter les dieux, après avoir essayé de conjurer leur vengeance.

Le mari, d'autre part, pour le cas où sa dénonciation aurait été reconnue mal fondée, se voyait frappé d'une peine des plus sévères : il était dépouillé de ses biens, sa fortune allait pour une moitié à sa femme injustement atteinte dans son honneur et pour l'autre moitié, en offrande réparatrice au culte de Cérès, divinité protectrice de la sainteté du mariage (1). Les règles de la *confarreatio* surent si bien protéger le mariage, que Denys d'Halicarnasse affirme « que dans l'espace de cinq cent vingt ans, on n'en vit rompre aucun ». (2)

Tout en tenant compte de l'exagération probable de ce propos, on peut cependant dire que tant que la *confarreatio* demeura la forme de mariage obligatoire ou la plus usitée, les vertus du foyer furent pratiquées au plus haut point par les femmes romaines ; le

____

(1) CAUVET. *Op. cit.*, p. 27. — GIDE. *Op. cit.*, p. 138.
(2) DENYS D'HALICARNASSE. *Op. cit.*, II, 25.

rayonnement bienfaisant qu'elles exercèrent autour d'elles est indéniable, l'histoire conserve les noms des plus illustres d'entre elles, leur rendant un juste hommage.

Voilà quel a pu être le résultat d'une législation sage, ou plutôt d'une fidélité exemplaire aux règles du droit pontifical, qui firent la pureté des mœurs à cette époque, dont Sénèque disait : « Seculum quo impudicitia monstrum erat, non vitium » (1).

---

(1) SÉNÈQUE. Fragment XIII.

CHAPITRE III

DE L'ADROGATION

Notions sommaires. — But et dangers de l'adrogation.
Enquête pontificale.

C'est toujours la même raison que l'on rencontre
ou à peu près, pour justifier l'intervention des
pontifes, dans le fonctionnement des institutions du
droit civil romain : la charge qu'ils avaient de veiller
au maintien des cultes.

Leur rôle devait être ici particulièrement important ; qu'est-ce en effet que l'adrogation ?

Une institution à la fois religieuse et civile qui
fait acquérir à un *pater familias,* la puissance paternelle sur une personne *sui juris* : variété de l'adoption (1), elle faisait passer sous la puissance d'autrui
avec la totalité de ses biens et les personnes qui

____

(1) *Populi auctoritate adoptamus eos qui sui juris sunt : quæ species
adoptionis dicitur adrogatio.* (Gaïus 1. 99.)

pouvaient lui être soumises, un homme (2) à ce
moment libre de toute *potestas*. Elle entraînait
l'extinction d'une famille, parfois d'une *gens* avec
son patrimoine et son culte au profit de l'adrogeant,
dont l'adrogé devenait le fils et partageait les *sacra*.
Le but principal de cette création artificielle de la
paternité était d'empêcher qu'une famille ou surtout
qu'une *gens* ne s'éteignît faute de descendance
masculine ; la loi accordait ce que la nature avait
refusé (3), afin qu'il y eût une continuation du
sacerdoce domestique ou gentilice. Mais chose
curieuse, ce but pouvait parfois n'être atteint qu'au
prix de l'extinction d'un autre foyer ou d'une autre
gens : quand l'adrogé était lui-même le dernier
représentant du nom qu'il portait. Ainsi l'accomplissement de l'adrogation semblait aller parfois
contre son but. Il faut bien alors supposer que
l'état et la religion étaient d'accord pour assurer à
tout prix la conservation d'une illustre maison : celle
de l'adrogeant ; les raisons politiques pouvaient être
ici toutes puissantes. Reconnaissons que la logique

---

(2) On ne peut adroger ni les pupilles ni les femmes : pour le pupille,
le tuteur manque de pouvoir ; quant aux femmes, l'entrée des comices
leur était interdite. Voir Bouché-Leclerq. *Manuel*, p. 397. Cependant,
sous Dioclétien, ces règles fléchirent et tout fut permis à l'aide d'une
dispense du prince.

(3) « *Quod natura jam assequi non potest* » V. Cicéron : *Pro domo*,
XIV.

de la fin l'emportait sur celle des moyens. Il restait, il est vrai, aux pontifes et à l'état une ressource dernière pour le cas où l'adrogation autorisée entraînait la ruine de la *gens* de l'adrogé dont celui-ci, par hypothèse, était le dernier représentant. C'était, et l'on en pourrait peut-être trouver des exemples, de confier à l'une des sodalités entretenues par les deniers publics, le soin de perpétuer le culte gentilice menacé de disparaître. L'importance sociale attachée aux *sacra gentilicia* dut suggérer l'emploi fréquent de ce moyen. On sait, en effet, qu'il existait des sodalités n'ayant point d'autres fonctions. (1). Quoi qu'il en soit, l'anéantissement d'une maison était possible et bien capable de provoquer dans la société une perturbation intéressant à la fois la religion et la cité ; leurs représentants officiels au nom du droit et des intérêts sociaux, avaient le devoir d'intervenir. On ne saurait donc s'étonner que l'adrogation nécessitât le consentement du peuple ou de ses délégués comme aussi l'approbation du collège des pontifes. C'était dans l'assemblée des comices calates, primitivement par une loi curiate, que le peuple témoignait de son consentement ; et c'était après une enquête approfondie, précédant la convocation de cette assemblée, que les pontifes

---

(1) Voir BOUCHÉ-LECLERCQ. *Manuel*, p. 472.

faisaient connaître leur avis. En réalité, l'enquête et ses conclusions étaient la partie la plus importante de la procédure de notre institution.

L'adrogation est quelquefois appelée *arrogatio* par certains auteurs. Son nom (1) lui vient des interrogations diverses « *rogationes* » qui étaient faites aux intéressés en présence du peuple. Voici comment Gaïus (2) la définit ; « *quæ species adoptionis dicitur* » *adrogatio. quia et is qui adoptat rogatur, id est,* » *interrogatur an velit eum quem adopturus sit, jus-* » *tum sibi filium esse; et is qui adoptatur, rogatur* » *an id fieri patiatur, et populus rogatur an id fieri* » *jubeat.* » et l'on peut ajouter avec Aulu-Gelle « *sed arrogationes non temere nec inexplorate com-* » *mittuntur.* » (3). Qui donc est chargé de faire ces interrogations ? le pontife qui préside les comices. Enfin, une dernière garantie vient s'ajouter à cette procédure, c'est le serment que le droit pontifical exige de l'adrogeant « *jusque jurandum a Mucio Pontifice Maximo conceptum dicitur* » (4) attestant que sa demande ne cache ni piège, ni fraude et qu'il n'agit pas par désir de lucre (5).

---

(1) Pour les différentes étymologies proposées voir JACOBI GUTHERII. *De veteri jure pontificio urbis Romæ,* chapitre V, p. 175.

(2) Com. I. 99

(3) AULU-GELLE. *Nuits attiques,* livre V chap. XIX.

(4) AULU-GELLE. *Ibidem.*

(5) Voir IHERING. *Op. cit.,* IV. 257.

L'adrogation, on le voit, par les divers éléments qu'elle mettait en présence, offrait une certaine complexité ; mais elle alla vite se simplifiant dans l'histoire du droit pour devenir exclusivement l'œuvre des pontifes.

Les comices primitivement, dans cette circonstance, s'assemblaient sur une convocation du *pontifex maximus*, pour consacrer par le vote d'une loi, les conclusions de l'enquête pontificale et par là même l'adrogation. Est-il besoin de faire remarquer qu'en fait, le projet d'adrogation ne devait venir devant les comices, que lorsqu'on était assuré de leur approbation : jamais on ne vit un projet contredit. Dès lors, leur vote sanctionnateur et forcément favorable n'étant plus qu'une formalité, les amena à se désintéresser des cérémonies de l'adrogation où l'influence pontificale était toute puissante. Dès la fin de la république (1) ils se contentent de se faire représenter par trente licteurs à ces sortes de solennités. Ces licteurs, personnages muets, entendent encore les différentes *rogationes* auxquelles Gaius fait allusion, mais seul l'adrogé et l'adrogeant ont la parole, l'appel au peuple représenté, reste sans réponse ; le respect des traditions et aussi ce formalisme si en honneur à

------

(1) Voir Daremberg et Saglio. *Dict. des antiquités grecques et romaines :* v° *adrogatio.* Gaston May. *Op, cit.*, p. 92 et 96.

Rome, exigent que le pontife qui préside à ce simulacre de comices, prononce encore cette solennelle *rogatio* désormais inutile. Les termes nous en ont été conservés par Aullu-Gelle : « *Velitis jubeatis,* » *quirites, uti Lucius Valerius Lucio Titio, tam jure* » *legeque filius siet, quam si ex eo patre matreque* » *familias ejus natus esset, utique ei vitæ necisque* » *in eum potestas siet, uti patris endo filio est. Hæc* » *ita, uti dixi, ita vos, Quirites, rogo.* » Telle est l'adrogation dans sa forme la plus durable (1), elle restera longtemps l'œuvre exclusive des pontifes. C'est à eux que Cicéron s'adressera (2) et à eux uniquement, quand il soutiendra l'irrégularité de l'adrogation de Claudius où les règles les plus certaines du droit des adoptions avaient été violées. C'est eux qu'il attaque « *Dico apud pontifices istam* » *adoptionem pontificio jure esse factam* », quand leur ayant rappelé leurs hautes fonctions, il montre les droits les plus sacrés par eux méprisés. Dans un passage éloquent, à ces prêtres devenus complices

____

(1) Sous l'empire, si les règles de l'adrogation se confondent presque avec celles de l'adoption, c'est que des modifications profondes ont changé l'organisation sociale. Voir Cuq, 234. D'ailleurs les règles les plus certaines de l'adrogation à cette époque ont été supprimées. On adroge même des femmes.

(2) Cicéron. *Pro domo* 13 et 14. Voir aussi de Caquerey : *Explication des passages de droit privé contenus dans les œuvres de Cicéron*, p. 345.

d'ambitieux politiques, il énumère les conditions, auxquelles l'adrogation est permise et dont aucune n'a été satisfaite. Quelles étaient donc ces conditions exigées par le droit pontifical et que la législation sanctionnait, en faisant produire à l'adrogation les effets civils que l'on sait, quand elles avaient été observées ? En les examinant brièvement, nous aurons passé en revue par là même, les points principaux sur lesquels devait porter l'enquête pontificale.

Du côté de l'adrogeant : il faut qu'il soit citoyen romain, qu'il ait été ou qu'il soit marié, qu'il n'ait pas d'enfant et que par son âge, il ne puisse espérer en avoir ; précisant ce dernier point, la tradition pontificale exigeait qu'il ait soixante ans (1) au moins et enfin, pour rendre vraisemblable la puissance paternelle qui allait être artificiellement créée, qu'il ait dix-huit ans de plus que l'adrogé (2).

Pour l'adrogé on recherchait surtout, l'âge de la puberté une fois établi, si, passant sous la puissance de l'adrogeant et devenant son fils, il n'allait pas laisser en souffrance un culte que l'État avait intérêt à savoir fidèlement desservi. Notons qu'il n'aurait pas été admis que l'adrogé entrât dans une famille ou dans une *gens* d'ordre inférieur ; il y

---

(1) Dig. I, 7, 15 § 2.
(2) Dig. I, 7, 40 § 1.

aurait eu là une sorte de dérogeance en opposition avec l'organisation patricienne de l'État.

L'adrogeant avait-il de justes raisons de craindre la perte de son nom et la ruine du culte de ses dieux ? C'était là une question d'appréciation souveraine pour les pontifes. Telle était, au résumé, la considération principale envisagée par le collège, avant de soumettre l'adrogation à la sanction des comices. Mais toutes ces conditions remplies, le résultat favorable de l'enquête connu, le décret convoquant l'assemblée du peuple rendu, les différentes rogations régulièrement posées, ne restait-il plus qu'à recueillir le vote des comices pour que l'adrogation fût parfaite et que l'adrogé fût réputé fils légitime de l'adrogeant ? « *Quamsi ex eo patre matreque familias ejus natus esset,* » avec les droits et les devoirs que cette qualité comporte. Les liens d'une agnation nouvelle, avec la vocation héréditaire qu'elle entraîne, vont-ils maintenant se former pour lui ? Nous ne le pensons pas. Il faut encore, ainsi que cela se passe au moment de la naissance véritable d'un enfant, qu'il y ait une volonté solennellement affirmée de la part de l'adrogeant — et le serment qu'il prêtait devait s'y rapporter — d'associer au culte de sa famille celui dont il veut faire son fils. Les pontifes, sur ce point, avaient le devoir de se montrer exigeants. De même que l'enfant qui naît n'aura complètement la condition civile d'enfant légitime, après avoir été reconnu par son père (*suscipere, tollere*) (1) qu'autant qu'il aura été associé par lui, et dans une cérémonie spéciale, à son culte, de même l'adrogé n'acquerra la qualité de fils légitime de l'adrogeant, certaines conditions d'aptitudes que nous connaissons, une fois satisfaites, et la volonté de ce dernier publiquement avouée de traiter l'adrogé comme son fils véritable, qu'autant qu'il aura été, devant les comices, associé sous serment au culte de l'adrogeant dont il va devenir le fils.

Mais ici, à la différence de ce qui se passe pour l'enfant, l'adrogé étant déjà dans les liens d'un culte domestique et gentilité actuellement existant, il faut d'abord qu'ils soient rompus, pour que celui-ci se rende libre et sorte de la famille naturelle ou de la *gens* à laquelle il appartient. C'est par une adjuration qu'il brisait ces liens, par une *detestatio sacrorum* (2) dont les termes ne nous sont pas parvenus (3).

C'est seulement à ce prix, et le vote des comices une fois acquis, que l'adrogation sortait son plein effet civil : et on pourrait dire ici en toute vérité, à

---

(1) Voir SUPRA. Naissance, chap. I. — Voir aussi au chap. II le rôle de la *communio sacrorum* dans les cérémonies de la *confarreatio.*

(2) CICÉRON se sert du terme « *alienatio sacrorum* » mais le sens est le même (*Orat.* 42). SAVIGNY, WALTER et LANGE sont, du moins, de cet avis. — MOMMSEN a défendu l'avis contraire. Voir BOUCHÉ-LECLERCQ. *Manuel*, p. 385, note 4.

(3) ULPIEN. Dig. I, 16, 40.

l'imitation d'une formule connue, que le religieux tenait le civil en l'état. Le règlement de la question des cultes domestiques et gentilices primait — apparemment du moins — en cette circonstance, tous autres intérêts. Cette complète analogie entre la situation de l'enfant lors de la naissance et de l'adrogé au moment de l'adrogation est particulièrement curieuse. Elle a été parfaitement mise en lumière dans un récent ouvrage de M. Desserteaux (1) et nous conclurons, avec l'éminent professeur, dans cet essai comparatif, des situations de l'enfant et de l'adrogé. « Tous deux tiennent leur titre d'actes identiques (association au culte pour nous) et doivent être traités de même, c'est-à-dire comme ayant toujours été en puissance du *pater familias*. » Ils sont, tous les deux, fils légitimes, nés *ex justis nuptiis* ; l'enfant le devient normalement, l'adrogé par suite d'une fiction légale, dont le puissant effet rétroactif ressort à l'évidence des termes mêmes de la *rogatio* adressée aux curies et rapportée par Aulu-Gelle (2), mais, encore une fois, à la condition essentielle qu'ils aient été associés au culte de celui qui veut devenir leur *pater familias*. Qu'on relise la *rogatio* adressée au peuple « . . . . . *tam jure legeque filius*

____

(1) *Étude sur les effets de l'adrogation*, par F. Desserteaux, prof. à la Faculté de droit de Dijon. Paris, A. Rousseau, 1892, page 23.

(2) Voir Supra, page 4.

siet quamsi ex co patre matreque familias ejus natus esset . . . . . » « On se rendra compte que l'adrogé devient le *filius familias* de l'adrogeant absolument et complètement, comme s'il était né de l'adrogeant et de sa femme; c'est-à-dire non seulement dans l'avenir, mais aussi dans le passé; en un mot, il a toujours eu l'adrogeant pour *pater familias*. La fiction de la *rétroactivité* nous paraît donc bien être l'idée fondamentale de l'institution (1). » Ainsi s'exprime M. Desserteaux, et bien qu'il n'entre pas dans notre plan d'étudier les effets civils de l'adrogation, nous avons tenu à faire cette citation qui nous permettra de signaler au passage, après l'éminent professeur, ce qui peut être considéré désormais comme une erreur, à savoir : qu'il faille attribuer d'une façon générale, et sans distinction d'époque, à ce que l'on a appelé par la suite la *minima capitis diminutio,* les effets bizarres de l'adrogation et spécialement le résultat particulier de l'extinction des dettes civiles de l'adrogé. A l'époque où nous nous plaçons de préférence, dans l'ancien droit, le résultat s'explique facilement et était produit par le jeu régulier des principes de l'adrogation. Qu'on veuille bien se rappeler que dans le droit primitif, le *filius familias* est incapable de s'obliger *ex contractu,*

----

(1) Desserteaux. *Op. cit.*, p, 24.

tandis que, au contraire, il est tenu *ex delicto*. Par suite de la fiction de la rétroactivité « l'adrogé considéré comme ayant toujours été le *filius familias* de l'adrogeant continue à être tenu *ex delicto*, mais ses dettes, nées *ex contractu*, s'évanouissent, parce qu'elles ne peuvent ni subsister sur sa tête, puisqu'il est *filius familias*, ni grever l'adrogeant puisque s'il avait toujours été son fils, il n'aurait jamais pu l'obliger » (1). Telles étaient les solutions rigoureuses du droit.

En fait, quand une demande d'adrogation parvenait au collège pontifical et que des dettes civiles grevaient le futur adrogé, qu'il les avoue ou qu'elles aient été dénoncées par les créanciers ou découvertes au cours de l'enquête, il est raisonnable de supposer que les pontifes ne convoquaient les comices qu'autant que les créanciers avaient reçu entière satisfaction, soit du fait de l'adrogé, soit du fait de l'adrogeant, promettant sous serment de payer, ou faisant siennes, par une novation, les dettes de l'adrogé. Supposer le contraire serait admettre cette conclusion absurde, que l'adrogation fournissait un moyen de frustrer légalement ses créanciers (2). On comprend comment

(1) Desserteaux. *Op. cit.*, p. 109. — Voir aussi Cuq. *Op. cit.*, page 103.

(2) Du moins pendant plusieurs siècles, car ce n'est qu'assez tard, dans le droit classique, qu'on voit paraître l'idée de la *minima capitis diminutio*, l'action *de peculio* et les actions fictives.

ce système simple et logique a pu devenir insuffisant;
l'extension des relations sociales et commerciales
créant des rapports entre des personnes éloignées
les unes des autres, devait démontrer son imperfec-
tion. Comment les intéressés auraient-ils été amenés
à dénoncer au pontife enquêteur l'existence de leurs
créances, alors que par suite de leur éloignement,
ils ne pouvaient connaître le projet d'adrogation,
par conséquent le danger qui pouvait en résulter
pour eux, si elle venait à s'accomplir? D'autre part,
l'adrogeant lui-même, pour nover une dette ou
promettre sous serment de l'acquitter, devait en
savoir l'existence certaine et actuelle, ce qui n'était
pas toujours en son pouvoir. Si des créanciers de
l'adrogé venaient à se faire connaître par la suite,
rien légalement ne les autorisait à poursuivre. On
s'explique par là comment le préteur a été amené à
intervenir, permettant aux créanciers d'atteindre
directement l'adrogeant par des actions fictives ou
une action de *peculio*.

CHAPITRE IV

DE LA PROPRIÉTÉ

DES *RES DIVINI* ET *HUMANI JURIS*

La permanence de l'*Heredium*. — La consécration des *res sacræ*, *sanctæ*, *religiosæ*. — La *lex dedicationis*.

Les récents travaux inspirés par les recherches de Giraud sur la question si complexe de l'institution de la propriété privée à Rome, permettent de distinguer assez clairement, les différentes phases par lesquelles passa la propriété, avant de se présenter avec les caractères qu'on lui connaît dans le droit classique. A l'origine on rencontre, dans ce qui devait être la campagne romaine, des communautés agraires sur lesquelles, avant toute organisation politique quelconque, s'exerce la jouissance commune des membres d'une tribu ou d'une *gens*, et dont les fruits se partagent vraisemblablement par famille. A l'époque historique, leur succède une forme d'appropriation plus conforme à la constitution de la famille, l'évolution de cette dernière commandant vraisemblablement celle de la propriété. On voit apparaître l'*heredium* ou le régime de la propriété familiale. Nous sortons ici du domaine des conjectures, quelque contrôlées qu'elles soient, pour entrer dans celui des faits relatés par les anciens auteurs. Cette propriété familiale résulte du partage fait par Romulus et dont parlent Denys d'Halicarnasse, Varron et Pline. Il eut lieu d'abord entre les curies, puis entre chaque citoyen, chef de famille.

L'*heredium* était constitué par les « *bina jugera* » attribués à chacun d'eux et dont l'ensemble représentait l'*ager romanus*, du moins dans la partie qui formait le sol de la ville, la *Roma quadrata*. L'*heredium* (1) est héréditaire et transmissible aux enfants indivisément, le législateur paraissant avoir voulu assurer la conservation des biens dans la famille. La transmissibilité héréditaire est établie par un texte de Varron : « *bina jugera, quod a Romulo » primum divisa viritim, qua heredem sequerentur, » heredium appellârunt* » (2). Ceux qui le recueillent sont appelés par Gaius héritiers domestiques, ce

______

(1) *Heredium* venant de *herus* révèle assez la nature du droit concédé. — Voir Cuq. *Op. cit.*, pages 75 et s.

(2) Varron. *De Re rust.*, I, 10.

sont eux qu'il vise quand il dit (1) « *sed sui quidem*
» *heredes ideo appellantur quia domestici heredes sunt,*
» *et vivo quoque parente quodam modo domini exis-*
» *timantur* ». La permanence de cette co-propriété
familiale s'affirmant pendant plusieurs siècles par
l'*heredium*, alors que la propriété privée s'était
depuis longtemps révélée telle que nous la connaissons individuelle, transmissible, aliénable, mérite
d'être remarquée, alors surtout qu'aucun texte de
loi ne peut être produit pour expliquer ce fait.
L'*heredium* reste inaliénable jusqu'à la fin de la
république, les mœurs l'exigent; il eût été considéré
comme un déshonneur de le vendre (2). On ne saurait
se contenter de ne voir là qu'une évolution naturellement lente du régime de la propriété à Rome; les
faits protestent d'eux-mêmes, si l'on songe aux
caractères nettement opposés à la communauté
familiale que la propriété présente au delà du
Pomerium. Sans doute on y rencontre les *gentes* qui
pouvaient y être établies avant le partage de Rome
avec leurs propriétés communes, leurs terres gentilices; on y trouve aussi la même communauté
pour des concessions faites à des *gentes* étrangères
réfugiées sur l'*ager Romanus* comme la *gens Claudia*

____

(1) Gaius. C. II, § 157.
(2) Cicéron. *De orat*, II, 55.

dont parlent Tite-Live et Denys (1) ; mais à côté de cette organisation particulière, on trouve plus généralement des concessions faites à titre onéreux par l'état à tel citoyen ou à titre gracieux pour des services rendus, concessions présentant tous les caractères de la propriété privée.

Pour s'expliquer la permanence de l'*heredium* tel que nous le connaissons, alors que d'une façon générale, la loi ne paraît consacrer que la propriété privée, il faut chercher en dehors d'elle, ce qui peut être la cause du maintien de la propriété familiale et de la faveur même dont elle jouit longtemps parmi les anciennes familles. Les mœurs, avons-nous vu, suppléaient ici à la loi, mais les mœurs ne sont que le résultat de la vie sociale qui, elle-même, à Rome, était sortie de deux sources longtemps confondues, l'organisation politique et l'organisation religieuse. C'est cette dernière surtout, pensons-nous, qui faisant de l'*heredium* le temple en même temps que le foyer d'une famille, le peuplant de dieux qui n'étaient autres en grande partie que des ancêtres divinisés, en sauvegarda pendant des siècles l'intégrité et le maintien. Le droit pontifical obligeant les membres d'une même famille à satisfaire aux *sacra*, et cela quotidiennement à l'autel élevé sur l'*heredium*, sut faire naître mille liens qui, par rapport à ce foyer

---

(1) V. Denys d'Hal., 40.

tinrent unis tous ceux qui en étaient sortis. Faut-il rappeler que pour eux comme pour l'État, la fidélité à leurs devoirs pieux était un gage assuré de bonheur. Une défaillance eût entraîné les plus funestes effets et la *multa* dont la famille négligente se serait vue frappée par l'autorité pontificale, eût bien été le moindre. En réalité, c'était un véritable contrat qui liait les membres d'un même foyer vis-à-vis de ses dieux, et l'état était garant de son exécution.

En résumé, cette primitive constitution de la propriété foncière du territoire romain, présente quelques traits nettement caractérisés. Par sa conquête, Romulus aurait fondé la propriété publique, nationale : « chacun la possédait comme peuple, nul comme individu », comme le remarque Giraud. Puis est venue aussitôt la division entre les chefs de famille, les *patres* : l'*heredium* est constitué. Ainsi apparaît la propriété dite quiritaire (de *quiris* = lance, symbolisant l'occupation guerrière). Pouvaient se dire propriétaires *ex jure quiritium*, tous ceux qui, par eux-mêmes ou par leurs auteurs, participèrent à la conquête du territoire romain et au partage par famille qui la suivit. La propriété individuelle et privative (1) dut paraître

---

(1) Il est entendu qu'il ne s'agit toujours que de la propriété foncière, car la propriété mobilière doit préexister à toute autre ; les instruments de travail, les animaux domestiques en furent les premiers objets.

très peu de temps après l'*heredium* et même, dans une certaine mesure, lui être contemporaine. En effet, la division en *heredia* ne portant que sur le terrain compris dans le *Pomerium*, à raison de deux *jugera* par famille, devait être bien insuffisante pour faire vivre les habitants de Rome, dont la terre et les troupeaux, au dire des historiens, furent pendant longtemps les principales ressources. Ils durent donc en chercher au dehors. L'achat des terres prises à l'ennemi, les concessions de terre faites à ceux qui allaient s'établir dans les cités conquises à titre de colons, la dispersion des membres d'un *heredium* devenu trop nombreux, enfin les distributions de terrains faites extraordinairement aux plébéiens, voilà les causes probables d'établissement de la propriété privée, dont les mœurs, pas plus que la loi, ne devaient condamner l'aliénation entre vifs.

Quoi qu'il en soit de cette triple manifestation du droit de propriété, l'*heredium* était la forme dominante à l'époque royale. La propriété foncière d'une façon générale, trouvait sa garantie et sa sauvegarde dans la religion dont l'état assurait la pratique et le respect par le droit de surveiller et de punir qu'il déléguait au collège pontifical. Rien de plus raisonnable d'ailleurs, la communauté familiale n'avait-elle pas affecté la propriété au culte des ancêtres, des dieux pénates, de Vesta et de Jupiter Terminalis, n'en ayant laissé en quelque sorte que l'usage à la famille sous la direction d'un chef(1), responsable aux yeux de l'autorité religieuse? Enfin pour terminer ces considérations, à un autre point de vue, remarquons avec M. Bouché-Leclercq (2) « qu'il y a un caractère sacré que le droit civil ne reconnaît plus à la propriété, mais qui en a été à l'origine comme la marque par excellence : le droit d'auspices. Comme chez les Étrusques, la propriété privée était un *temple* et le propriétaire pouvait à chaque instant affirmer son droit en prenant les auspices ». Le droit pontifical armait terriblement le chef de l'*heredium* ou le propriétaire d'une terre solennellement limitée, contre celui qui empiétait sur les limites d'une propriété ou déplaçait une borne. Ce dernier commettait un sacrilège et encourait la malédiction divine ; l'ancien droit le déclarait « *Sacer* ». Tout citoyen avait le droit de l'immoler aux dieux outragés. Une loi de Numa autorisait formellement le propriétaire lésé à tuer le déprédateur. A Rome, la propriété confère donc le droit de se faire justice à soi-même ; mais ajoute M. Cuq (3)

----

(1) V. Daremberg et Saglio V°. *ager Romanus*, d'après Varron, I, 10.

(2) Bouché-Leclercq.— *Manuel*, p. 391, note I. Cuq. *Op. cit.*, p. 86.

(3) Cuq. *Op. cit.*, p. 84 et 100. Sur l'*homo sacer*, voir aussi Ihering, *Op. cit.*, I, p. 280. La rigueur du droit primitif était d'ailleurs corrigée ; il y avait, remarque cet auteur, des temples et d'autres lieux sacrés où toute poursuite était interdite. Le droit d'asile était largement pratiqué.

celui qui en use doit soumettre au juge l'examen de la légalité de son acte. Ce juge n'est autre que le collège des pontifes possédant une sorte de juridiction de fait et « des fonctions quasi-judiciaires » (4). Mais ce point relève de l'histoire du droit criminel qui comme le droit civil s'élabora au sein du collège des pontifes. Il ne pourrait être étudié ici sans sortir du cadre que nous nous sommes tracé. Cependant, il ne paraît pas inutile de le noter en passant.

La division des choses, telle qu'elle était admise aux temps classiques et qu'elle fut reproduite dans les commentaires de Gaius, nous fournira l'occasion, en l'examinant brièvement, de signaler des prérogatives précises attribuées aux pontifes dans le domaine du droit civil. Nous voulons parler des biens qui, par l'intervention pontificale, sortaient du *commercium*, de *res humani iuris* devenant *res divini juris* et du même coup, à l'abri de toute expropriation privée, inaliénables et imprescriptibles (1).

S'il fallait en croire Gaius, la division en *res divini juris* et en *res humani juris* serait la plus essentielle de toutes. « *Summa itaque rerum divisio* » *in duos articulos deducitur; nam aliæ sunt divini*

---

(4) MUIRHEAD. *Op. cit.*, page 285.

(1) GAIUS. C, II, § 2.

» *juris, aliæ humani* » (2). Mais il y a évidemment là une exagération, surtout si on compare cette façon de parler à celle des juriconsultes de l'époque classique. Cette affirmation de Gaius doit plutôt faire supposer, qu'en parlant ainsi, il se conformait à une tradition, bien plus qu'il n'exprimait une réalité véritable. En remettant les choses au point, on pourrait dire, et cela, l'histoire du droit la confirme, que cette division fut jadis la plus importante de toutes.

C'est sous trois formes différentes que peut se présenter cette distraction de biens du domaine civil au profit du domaine religieux. On distingue, en effet, trois catégories de choses de droit divin : les *res sacræ* consacrées aux *dii superi*, comme les temples ; les *res religiosæ*, consacrées aux *dii inferi*, comme les tombeaux ; enfin, les *res sanctæ*, comme le *Pomerium*, les murs et les portes de la cité, qui ont un caractère à la fois religieux et patriotique.

A la première de ces trois catégories correspondait une consécration particulière, où un délégué du collège pontifical jouait le rôle important par le prononcé de paroles sacramentelles, dont l'effet juridique entraînait le transport de la propriété d'un

———————

(2) « Inter decreta pontificium, hoc maxime quæritur : quid sacrum quid profanum, quid religiosum » (MACROBE, III, 3, 1).

citoyen ou de l'État aux différentes divinités vis-à-vis desquelles la cité se trouvait liée par un contrat (1).

Les *res sacræ*, consacrées aux dieux d'en haut (par opposition aux dieux mânes qui habitent la terre) ne sortent du domaine civil qu'à certaines conditions, pour les immeubles tout au moins.

Il faut que l'État, par une loi votée par le peuple, autorise et requière la consécration du terrain ou du monument « *vides esse legem veterem tribuni-* » *tiam, quæ vetat injussu plebis, ædes, terram,* » *aram, consecrare* » (2).

Une loi *Papiria* exigeait ainsi cette coopération du peuple et du sacerdoce, pour accomplir une consé-cration. Cicéron nous explique le motif de cette double intervention : le législateur veut garantir la propriété privée contre les excès de certains tribuns qui, aux époques troublées, ne trouvaient rien de mieux, pour se venger de leurs ennemis, que de consacrer leurs biens aux dieux, à un culte quel-

---

(1) Une fois la consécration terminée, les pontifes étaient investis d'un droit de surveillance et de juridiction sur les *res divini juris.* Accarias, I, N° 190. — « La question des lieux consacrés avait d'ailleurs la plus haute importance, les pontifes en traitaient avec une grande précision ». V. Bouché-Leclercq. *Les pontifes de l'ancienne Rome,* p. 133. — « *Nomina sacrorum locorum sub congruâ proprietate proferre pontificalis observatio est* ». (Macrobe Saturn. III, 4, 1).

(2) Cicéron, *Pro domo,* § 127.

conque, en vertu du pouvoir sacré que comportaient leurs fonctions. — L'acte par lequel intervient
le représentant du peuple s'appelle « la *dedicatio* ».
Ce représentant peut être dictateur, consul, préteur,
censeur ou édile. Il n'y a pas de règle absolue sur
ce point. Le plus souvent, c'est à celui des deux
consuls que le sort désigne, que revient cet honneur (1). Cependant on vit quelquefois le peuple
désigner de simples citoyens « *Viri œdi dedi-*
» *candœ* » (2). Puis venait la consécration. Suivant
Marquardt (3) les pontifes y prenaient part de trois
manières :

1º Ils devaient émettre leur avis sur l'admissibilité
de l'autorisation de consacrer, donnée anciennement
par le Sénat, puis par le peuple, enfin par l'Empereur. Un passage de Tite-Live (4) établit ce droit
d'examen « *cum bello Gallico (Marcellus) œdem*
» *honori et virtuti vovisset, dedicatio ejus a pontifi-*
» *cibus impediebatur , quod negabant cellam duobus*
» *recte dedicari. Ita addita virtutis œdes adproperato*
» *opere* » ;

2º Ils rédigeaient la *lex dedicationis* (5) , aussi

-----

(1) Tite-Live. II. 8.
(2) Tite-Live. *Loc. cit.*
(3) Marquardt. *Le culte chez les Romains*, I, p. 323.
(4) Tite-Live. 27, 25, 7.
(5) Pline. *Epist*, X, 59.

appelée *lex consecrationis*, qui est la charte de fondation du temple. Dans cet acte, était indiquée, avec la plus grande précision, l'étendue du terrain (1) soustrait au monde profane, au domaine civil. Ils délimitaient la « *fanum* », élément constitutif du lieu sacré; puis venaient l'énumération des droits du temple, de ses revenus, la façon dont ils seraient administrés, enfin les rites des sacrifices qui y seraient observés (2) ;

3° A la requête du magistrat dédicateur, un pontife, quelquefois le collège entier, procédait à la consécration. Le magistrat et le pontife tenant tous les deux les montants de la porte du temple « *postem tenere* » (3).

Celui-ci dictait « *Solemnia pontificalis carminis verba* ». La formule était particulière à chaque édifice à dédier (4). Le temple, l'autel ou le terrain sur lequel ils s'élevaient, une fois régulièrement consacrés, étaient absolument imprescriptibles et à jamais affranchis de tout commerce humain (5). Quant aux

---

(1) Varron. *De linguâ latinâ*, VI, 54 « *Hinc fana nominata quod pontifices in sacrando fati sint finem* ».

(2) Marquardt. *Le culte chez les Romains*, p. 325.

(3) Cicéron. *Pro domo*, § 45.

(4) Orelli, dans sa collection d'inscriptions, mentionne la formule employée pour la dédicace d'un temple élevé à la divinité d'Auguste, par le peuple de Narbonne N° 2480. = C. I. L. XII, N° 4333).

(5) « Lege naturæ communi jure gentium sancitum est ut nihil mor-

meubles, nous ne savons rien de précis sur la façon dont ils sortaient de la propriété privée pour devenir des objets sacrés. Un passage du Digeste (L, 12,2) nous indique seulement qu'une consécration était nécessaire pour leur donner ce caractère. Cette consécration devait émaner des pontifes (1).

Les *res sacræ* demeurent telles à perpétuité, avons-nous dit ; dans deux cas seulement, elles peuvent perdre leur caractère pour retomber « *in commercio* » et redevenir *res humani juris* :

1° Quand l'ennemi les a conquises ;

2° Quand elles subissent une *exauguratio*. Ce dernier cas suppose l'intervention pontificale. Cicéron nous montre, en effet, dans le *de aruspiciis* (2), les pontifes, après une loi centuriate et un sénatus-consulte, lui restituant sa maison qui avait été consacrée à la déesse de la Liberté, en la rendant au domaine civil, après une cérémonie de ce genre.

Quand un lieu sacré avait été profané par l'ennemi et reconquis par les Romains, il n'avait pas besoin d'une nouvelle consécration pour redevenir la pro-

tales a diis immortalibus usucapere possint » Cicéron, *de aruspiciis*, § 32.

Tout ce qui vient d'être dit des temples, s'applique aux autels, chapelles, fontaines et bois sacrés.

(1) Accarias. I, p. 486.

(2) Cicéron. *De aruspiciis resp.*, 6.

priété des dieux. Par une sorte de *post liminium*, il retrouvait son caractère à la condition de rétablir les choses dans l'état primitif après une expiation (1).

La seconde catégorie de choses *divini juris* où l'on retrouve une intervention des pontifes au point de vue civil, est celle de *res religiosæ* : les sépultures des morts, propriété des dieux mânes (2).

A la vérité, ce ne sont pas ici des délégués du collège pontifical qui seuls, vont pouvoir, par une solennelle formule, distraire au profit du domaine religieux, des biens du domaine civil. Un citoyen, par son unique volonté, peut faire d'un bien un *res religiosa*. Qu'il puisse accomplir cette transformation sur son propre terrain, rien de plus naturel, mais qu'il puisse le faire sur le terrain d'autrui, cela parait inadmissible.

L'idée que les Romains se faisaient de la mort et la terreur inspirée par la pensée de la privation possible de sépulture (3), sont probablement les

---

(1) DIG. XI, 7, 36. Voir aussi TITE-LIVE. V. 50.

(2) Le *jus manium* et le *jus sepulcri* sont entièrement aux mains des pontifes. Nous devons nous borner à examiner les quelques points touchant au droit civil et où apparaît l'intervention pontificale.

(3) *Hæc omnia quam cernis inops inhumataque turba est*

. . . .

Centum errant annos volitantque hæc littora circum

Tum demum admissi stagna exoptata revisunt. Enéide, VI. V.

Les moins superstitueux prenaient la précaution de faire construire

raisons principales à faire valoir pour expliquer ce droit singulier. Quoi qu'il en soit, l'inhumation était-elle réelle, peu importe le lieu où elle avait été faite, ce lieu devenait religieux et inviolable (1).

Gaius et Ulpien indiquent au propriétaire lésé sur le terrain duquel une sépulture a été établie à son insu et par usurpation, différents moyens d'arriver à une réparation. (2) S'il ne peut revendiquer son bien, il peut obtenir du préteur une action *in factum*, dont l'effet se traduira par le paiement d'une indemnité égale au prix du terrain usurpé, mais dans ce cas, bien entendu, la sépulture demeure là où elle

------

leur tombeau de leur vivant. C'est ce que nous apprennent les inscriptions que l'on retrouve gravées sur les monuments : V. F. (*vivus fecit*) V. H. S. F. M. (*vivus hoc sibi fecit monumentum*, etc.), voir aussi VEGETIUS, *De re militari*, 1, 2, C. 10.

(1) Le droit pontifical avait pris les précautions les plus minutieuses pour donner des limites exactes au terrain sur lequel s'élevait une sépulture. C'est ainsi qu'il n'est pas rare de rencontrer sur le tombeau lui-même, la mention des mesures du terrain consacré. On retrouve en effet des inscriptions comme celle-ci :

D. M.

· · · · · · · · · · · ·

In fro. X.

In agro. XX.

Ce qui signifie : *in fronte pedes decem, in agro pedes viginti.*

In fronte indique la dimension prise sur la route ; *in agro*, celle prise sur la campagne. C'était là une excellente pratique pour éviter toute contestation. Voir D. *Gothofredi.* DIG. XI, VII, 2, 5 et la note, Lyon, 1650.

(2) DIG. XI. 7, 7 et 8

est, mais s'il veut conserver son terrain intact, et
que toute trace de l'usurpation disparaisse, il doit
demander aux pontifes (1) ou au prince l'autorisation
d'enlever lui-même le cadavre, en se conformant à
un ensemble de prescriptions minutieuses dont les
pontifes entouraient cet enlèvement ; après quoi le
terrain usurpé retournait à son ancien propriétaire.
L'exhumation était encore légitime et par conséquent, le terrain sur lequel elle avait lieu rentrait
dans le droit commun, dans quelques autres cas.
On la considérait comme justifiée pour ramener au
tombeau de la famille, celui qu'on n'avait pu
enterrer qu'au loin (2), mais la première formalité à
remplir était de demander l'autorisation soit au
collège des pontifes (3), soit à l'empereur.

Quant aux *res sanctæ* qui comprenaient les
murailles, les portes de la cité, le *pomerium*, elles
étaient aussi soustraites au commerce des hommes.
On sait que, primitivement, les murs de Rome
avaient été consacrés par Romulus au moyen de
cérémonies empruntées aux Étrusques, mais plus

---

(1) Pline. *Epist.* X, 73. 77, 79.

(2) Lucain. Lib. 8. Vers 840.

(3) Une requête était nécessaire pour que cette autorisation fût
accordée. On trouve rapportée dans Gruter une de ces requêtes qui
avait été gravée sur un marbre ancien. Gruter, *Corp. inscrip.* p. 607
N° 1.

tard, quand par suite de l'accroissement de la population, on dut agrandir l'enceinte, on ne manqua certainement point de se conformer à cette antique tradition. Il est vraisemblable qu'un des grands magistrats de l'État dut, avec l'assistance des pontifes, tracer un nouveau sillon sur lequel s'élevèrent les remparts reconstruits. Cette assistance des pontifes peut raisonnablement s'induire d'un passage de Cicéron dans le *de naturâ Deorum* (III, 40) : « est enim mihi tecum pro aris et foris certamen, et pro deorum templis, atque delubris, *proque urbis muris, quos vos, pontifices, sanctos esse dictis*, digilentiusque urbem religione, quam ipsius mœnibus cingitis ».

CHAPITRE V

DES SUCCESSIONS

HÉRÉDITÉ ET TESTAMENT

Les *Sacra* commandent la délation héréditaire. — *Heredium* et
Consortium. — Testament comitial. — *Multa testamentoria*.

Dans le droit civil primitif, l'idée de l'hérédité
était très différente de ce qu'elle est devenue dans
le droit classique romain et dans le droit moderne.
Ce n'était point une universalité juridique comprenant l'ensemble des droits et des obligations d'une
personne décédée, son patrimoine se résumant en
une valeur pécuniaire; l'hérédité avait ici un caractère principalement moral et, comme le remarque
M. Cuq, « l'héritier est bien moins un successeur
aux biens qu'un continuateur du culte et de la maison
d'un chef de famille décédé. »

Si on ne retrouve en cette matière des hérédités
légitimes, de prérogatives bien définies exercées
par les pontifes, on peut, du moins, montrer la très

grande part d'influence qu'ils ont eue dans l'élabo-
ration du droit successoral ; l'idée qui va présider
aux règles de la délation héréditaire sera, avant tout,
la préoccupation d'assurer la perpétuité des sacrifices
privés du défunt « *sacra privata perpetua manento* ».
Voilà le vœu énergique du droit primitif romain.
Cicéron (1), dans son traité des lois, ne cesse de le
répéter, son témoignage corrobore l'examen des
quelques notions historiques qui nous restent sur la
question.

D'où vient cette crainte de voir les sacrifices
particuliers s'interrompre ou s'éteindre ? Nous le
savons, et sa cause n'est autre que la croyance à la
vengeance divine, toujours prête à s'abattre sur la
famille coupable dont les *sacra* ont été négligés et
sur l'état responsable de cette famille vis-à-vis des
dieux jaloux de leur culte. C'est pour en garantir la
pratique, en assurer l'exactitude autant qu'il est
possible, que le droit pontifical fait une confusion
des intérêts matériels, des biens, de la propriété et
des devoirs religieux, des *sacra* ; c'est, en quelque
sorte, une identification des uns avec les autres ;
là où seront les *sacra*, là sera le droit de propriété, et
ce dernier, on peut le remarquer, ne se sécularisera
jamais complètement. On comprend, dès lors, quelle

____

(1) Cicéron. *De legibus*, I, XX, XX et XXI.

va être l'idée maîtresse de la transmission héréditaire : éviter toute cause de colère et de vengeance de la part des dieux et, pour cela, écarter toute cause d'interruption des *sacra*.

A l'époque où l'*heredium* était le régime dominant de la propriété, l'État avait toute sécurité à cet égard. On sait, en effet, que la plupart du temps, à la mort du chef de famille, les enfants sous sa puissance s'abstenaient de partager le patrimoine et continuaient à le posséder comme associés *consortes*. Aulu-Gelle le dit très nettement « *societas insepara-* » *bilis, tanquam illud fuit antiquum consortium,* » *quod jure atque verbo Romano appellatur ercto non* » *cito* » (1).

Ils formaient vis-à-vis du chef de famille cette classe d'héritiers, les premiers que l'on rencontre dans l'histoire du droit civil romain et que Gaius appelle « *socii* », « *consortes* » ou héritiers domestiques. Cette hérédité domestique ne suppose, à proprement parler, aucune transmission héréditaire : les *socii* ne font que prendre en main l'administration des biens dont ils étaient déjà co-propriétaires. Ce n'est que vers la seconde moitié du troisième siècle que, d'après M. Cuq, les terres gentilices, commençant à se morceler, « on dut songer à autoriser le

____

(1) GELL. 1, 12.

partage des biens qui, jusque-là, avaient composé la
familia », mais il faudrait se garder de croire que le
partage, où comme nous le verrons, les pontifes
devaient vraisemblablement intervenir, fût d'un
usage courant.

Le maintien de l'indivision « *inercta familia* »
resta, surtout parmi les familles d'origine ancienne,
le cas le plus fréquent (1) ; mais les *consortes*, après
la mort de leur auteur, continuaient-ils à posséder
en commun et à occuper réellement les biens patri-
moniaux ? Nous ne savons rien de précis à cet
égard, mais il est très probable que, par suite
d'une entente l'*heredium* restait aux mains de
l'un d'entre eux qui, à son tour, le transmettait
à ses enfants qui faisaient de même (2). D'ailleurs,
l'institution testamentaire fournissait au *de cujus*
un moyen facile d'assurer la perpétuité de ses
sacrifices pour le cas où il pouvait prévoir le
désaccord ou l'indifférence chez ses héritiers. Dans
cette circonstance encore, nous verrons le rôle
important dévolu au collège pontifical ou à son
délégué. Quoiqu'il en soit, on retrouve des exemples
de *consortium* jusqu'à la fin de la république et même
sous l'empire (3).

----

(1) Cuq. *Op. cit.*, page 289.

(2) Cette conjecture est inspirée par Muirhead. *Op. cit.*, page 59.

(3) Voir note 9, page 289 dans Cuq, *op. cit.*

C'est aux pontifes, à leur action, à leur surveillance sur tout ce qui touche à la transmission des *sacra*, qu'il faut attribuer cette permanence du *consortium* dont l'existence à travers l'histoire du droit civil romain n'a d'autre raison d'être que la raison tirée de l'intérêt du culte. L'hérédité domestique, d'après M. Cuq, reposait non pas sur la loi, mais sur une très ancienne coutume antérieure aux XII tables. Cette coutume, comme toutes celles qui, à l'époque royale, régissaient les rapports de droit entre citoyens romains, les pontifes devaient en avoir la garde et en assurer l'exécution.

Quels étaient les *consortes* ou les héritiers domestiques du *de cujus*? Ses enfants légitimes ou petits-enfants sans distinction de sexe et actuellement sous sa puissance, les fils adrogés, la femme, pourvu qu'elle soit passée sous la *manus* de son mari et aussi les femmes de ses fils, remplissant la même condition. Quand le partage sera autorisé, après les XII tables, suivant Gaius (1), nous trouverons comme condition préalable à l' « *erctum sciere* », une cérémonie spéciale d'un caractère tout religieux, des paroles sacramentelles y sont prononcées (2), leur teneur ne nous est pas parvenue. On peut

---

(1) Dig. X, 2, 1.

(2) CICÉRON. *De orat.*, I, 56.

toutefois supposer, comme M. Cuq (1), qu'elles
avaient pour but de briser les liens religieux qui
avaient uni un groupe de personnes autour du même
foyer. Tout indique dans la « *deserctio* », c'est le nom
que portait cette cérémonie du partage, qu'un délégué
du collège pontifical devait y présider, prononçant
ou dictant la formule qui le réalisait.

La religion domestique aurait péri, si pour le cas
où le père de famille mourait sans femme et sans
enfant, on n'eût trouvé un moyen d'assurer la
transmission de ses pieux devoirs. Les pontifes
avaient donc imaginé d'inféoder ces devoirs à la
propriété, en sorte que les héritiers du défunt, quels
qu'ils fussent, ne pouvaient accepter une succession
sans accepter en même temps les obligations religieuses qui y étaient attachées. Cicéron formule
ainsi cette règle, qui avec l'institution du testament, fit entrer dans la compétence des pontifes, à
l'époque royale, les questions de succession :
« *sacra cum pecuniâ, pontificum auctoritate, nullâ*
» *lege, conjuncta sunt* » (2). Nous ne savons quelle

---

(1) Cuq. *Op. cit.*, 289.

(2) Cic. De Leg., II, 21.
Cicéron, dans les § XIX, XX et XI, fait le procès des pontifes,
leur reprochant leur manque de sincérité religieuse ; il parle, il est
vrai, des membres du collège de son époque. C'est, qu'en effet, comme

était la sanction de cette règle. Les biens d'un citoyen, mort sans héritiers naturels, revenaient à l'époque des *leges regiae* par une sorte de droit de retour aux membres de la *gens*, le morcellement qui en résultait devait être, on le comprend, fort préjudiciable à l'idée de la continuation d'un culte domestique. Ce système ne fournissait aucune sécurité au *de cujus* dans notre cas, il ne l'assurait que fort peu de l'accomplissement des honneurs funéraires. Peut-être même que le mourant, connaissant la négligence de ses gentils, aurait voulu pouvoir confier à tout autre le soin de ses *sacra* ; il n'en pouvait rien faire. Aussi, comme dit M. Bouché-Leclercq, « les pontifes jugèrent-ils avantageux de ne point abandonner la succession au sort que lui préparaient les coutumes, mais d'admettre comme loi supérieure en cette matière, la volonté bien connue et attestée (*testamentum*) du défunt ». Par ce moyen, celui-ci s'assurait un continuateur de son choix, dont il avait pu lui-même apprécier l'exactitude et la fidélité. Par ce moyen encore, on arrivait

---

ils sont versés dans le droit civil aussi bien que dans l'ancien droit religieux, ils emploient celui-là à éluder celui-ci et par des raisonnements d'une subtilité qui indigne le grand orateur, ils fournissent aux héritiers et surtout aux légataires le moyen de recueillir une succession sans en prendre les charges religieuses. C'est dans le § 21 qu'il dénonce les étonnantes trouvailles juridiques du pontife Mucius.

Voir aussi G. GUTHERIUS. *Op. cit.*, livre II, chap. VI pr.

au même résultat que par l'adrogation dont on évitait les inconvénients. Un légataire ici valait beaucoup mieux qu'un adrogé ; n'ayant aucune charge du vivant du testateur, il devait être préféré. Par ce moyen enfin, les pontifes étaient armés contre les successeurs peu soucieux des *sacra* de leur auteur. Les volontés de celui-ci et son culte couraient moins de risques de ne pas être accomplis, puisqu'une sanction existait. En effet, par la « *multa testamentoria* », les pontifes vengeaient et les dieux et le testateur. Telles furent, sans doute, quelques-unes des raisons dont l'utilité donna naissance au testament (1).

Voyons maintenant le rôle des pontifes dans la confection du testament originaire. Cet acte intéresse la société religieuse comme la *confarreatio* et l'*adrogatio* ; quoi d'étonnant que nous retrouvions ici, comme un élément de validité et de publicité, le concours du collège pontifical (2).

C'est deux fois par an, d'après Mommsen, le 24 mars et le 24 mai, qu'il était procédé aux céré-

---

(1) Peut-être pourrait-on aussi invoquer le désir que le *de cujus* pouvait avoir, comme le collège pontifical, d'éloigner ceux que Gaius appelait les « *improbi* » et qui à l'aide de l'usucapion *pro herede*, témoignaient avant tout du désir de posséder et vraisemblablement se souciaient fort peu de la fidélité aux *sacra* de celui dont ils s'enrichissaient.

(2) ACCARIAS. Vol. 1, N° 321.

monies du testament comitial, les témoins de cet acte étaient les curies convoquées en *comitia calata* par un décret du *pontifex maximus* (1). Devant cette assemblée présidée par le délégué du collège, se présentait le testateur ; il faisait connaître ses volontés qui étaient ensuite ratifiées par un vote.

Les textes ici font défaut et nous ne savons au juste quel était le rôle des pontifes une fois les Comices convoqués ; mais ce que nous connaissons par ailleurs des prérogatives du collège, notamment dans la matière de l'adrogation très voisine de celle-ci, donne une valeur singulière aux conjectures des auteurs. Une enquête pontificale devait vraisemblablement précéder la convocation des Comices. Comme le pense M. Cuq « il appartenait aux pontifes d'examiner, s'il y avait lieu de proposer au peuple la transmission du culte domestique » (2), transmission qui souvent devait s'adresser à une personne étrangère à la famille du testateur. Il y avait là une dérogation grave aux coutumes reçues en matière de succession, qui devait nécessiter un examen. Quels étaient les moyens qu'employait le disposant pour assurer le maintien des sacrifices domestiques qu'il avait reçus de sa famille ? Pour le

_____

(1) Aulu-Gelle. XV, 27 (*Noct. att.*), Gaius II, 101.
(2) Cuq. *Op. cit.*, p. 293. — Voir aussi Cauvet. *Op. cit.*, p. 82.

cas où des successeurs naturels du disposant existaient, étaient-ils vraiment indignes de recueillir et
les biens et les *sacra* ? Ne devaient-ils pas être
entendus ? Quels motifs le testateur faisait-il valoir
pour éloigner tel parent et appeler un étranger ?
Celui-ci présentait-il des garanties pour les *sacra* ?
Il devait se produire ainsi une série de questions
qui demandaient à être élucidées avant que le
pontifex maximus lançât le décret de convocation,
car on peut admettre que, comme pour l'adrogation,
l'assemblée même des Comices ne jouait qu'un rôle
secondaire ; elle était consultée, mais il ne paraît
pas qu'elle dût discuter. Son vote, néanmoins, était
indispensable et donnait au testament approuvé la
force même d'une loi ; le travail d'appréciation et de
discussion était sans doute réservé aux pontifes, et
c'est vraisemblablement après leurs conclusions
entendues, que le vote intervenait. Remarquons
que cette forme primitive du testament fut bientôt
presque délaissée. L'apparition du testament *per
aes et libram*, accessible à tous, d'un accomplissement moins laborieux, dut amener son abandon.

Quoiqu'il en soit, à l'époque où la forme comitiale
était usitée, le testament avait force légale, et si la
puissance publique et le droit pontifical lui accor-
daient ce privilège, c'est principalement par désir de
voir assurée la permanence des *sacra* du testateur.

Toute méconnaissance des volontés de celui-ci

était sévèrement réprimée ; la compétence des pontifes s'étendant aussi loin que les intérêts de la religion, il est naturel de voir déféré à leur tribunal l'institué, infidèle à ses obligations.

On ne saurait admettre l'opinion de Cauvet (1) et reconnaître à la juridiction pontificale le droit de contraindre l'héritier ou l'institué aux *sacra*, sous peine de confiscation des biens héréditaires qu'il a recueillis ; nulle part on ne trouve trace d'une semblable mesure. Les quelques textes qui peuvent nous éclairer sur ce point ne parlent que d'une peine pécuniaire.

Il a été fait déjà allusion à la sanction qui intervenait dans cette circonstance, on la nommait : *multa testamentoria*.

La compétence pontificale en cette matière de la transmission des *sacra* est établie par J. Gutherius, qui l'appuie sur des textes de Cicéron et de Varron (2) : « *In his igitur quæ ad sacra et ceremo-* » *nias pertinent pontifices juridictionem habuerunt.* » *Juridictionis pontificum nota præcipua fuit mulctæ* » *dictio. Mulctæ ergo dictio est et mixti imperii, quod* » *pontificibus competit.* » Quant à la peine pécu-

---

(1) Cauvet. *Op. cit.*, p. 83.

(2) J. Gutherius. *Op. cit.*, livre II, chap. I, p. 157. — Cicéron. *Ad Attic*, ep. 2. — Varron, *De linguâ latinâ*, L. IV.

niaire, à la *multa testamentoria*, elle a été spécialement étudiée par Huschke (1) qui la définit : « une
peine que le testateur, en conformité avec la loi, est
en droit d'édicter pour le cas où sa volonté serait
méconnue, contre celui qu'il a établi comme son
successeur sur sa famille et sa *pecunia* ». Nous
savons qui est juge de son application et peut
l'infliger.

On voit quelle était l'importance des attributions
des pontifes dans la matière des successions et des
testaments, de quelles garanties ils avaient entouré
la transmission fidèle des cultes. Cicéron (2) a
résumé de la façon suivante l'ensemble des règles
qu'ils avaient formulées sur cette transmission.
Étaient tenus aux *sacra*, signe de la propriété dans
l'ancien droit :

1º Celui qui recueille l'hérédité entière ;

2º Le légataire de la plus grande portion de la
fortune ;

3º Les co-partageants de cette portion principale.

Cette première classification était trop peu précise
et les pontifes de la fin de la République, les Scœvola
en particulier, en donnèrent une autre plus détaillée,

---

(1) HUSCHKE. *Die Multa und das Sacramentum*, Leipzig, 1874,
p. 303 et 5.

(2) CICÉRON. *De legibus*, II, XIX et XX.

que Cicéron rapporte tout aussi fidèlement (1). Sont obligés aux *sacra* :

1° Les héritiers ;

2° Celui qui, par le fait de la mort ou du testament, prend dans la succession autant que tous les héritiers ;

3° A défaut d'héritier, celui qui, à la mort du *de cujus* possède par usucapion la plus forte partie des biens ;

4° S'il ne se trouvait aucun possesseur de ce genre, celui des créanciers du défunt qui a le plus réalisé de la succession ;

5° Le débiteur du défunt qui, n'ayant payé personne, sera réputé avoir acquis par prescription, la somme qu'il n'aura pas payée.

On pourrait croire qu'à cette époque, grâce aux règles si savamment combinées, grâce aux *multæ*, les pontifes garantissaient le culte domestique contre toute infidélité ou contre toute négligence. Ils auraient peut-être pu atteindre ce résultat s'ils l'avaient voulu, mais, à la fin de la République, du moins, ils en étaient bien loin. Il n'était pas rare de voir des héritiers ou des légataires, s'ingéniant à trouver le moyen de se soustraire à l'obligation des

---

(1) Cicéron. *De leg.*, II, XXI.

sacra. On faisait appel à la science des jurisconsultes et surtout des pontifes pour y parvenir légalement.

Il suffit de poursuivre la lecture du *de legibus* pour s'en convaincre. Quelques procédés alors usités y sont rapportés ; l'*hereditas sine sacris* était, disait-on, à cette époque, synonyme du bonheur sans mélange. On ne saurait en douter, à voir les moyens mis en œuvre pour y parvenir.

CHAPITRE VI

LES PONTIFES ET L'ADMINISTRATION DE LA JUSTICE

Eurent-ils la *jurisdictio ?* — Leur rôle présumable. — Examen de la
loi 2 § 6, *Dig. de Orig. Juris*, 1. II. — Opinion de M. Accarias pour
l'époque des XII tables.

Versés dans la science du droit, en possession des
textes, des coutumes et des antécédents judiciaires,
les pontifes devaient, à n'en pas douter, donner des
consultations et des avis, à l'occasion de l'administration de la justice. Mais faut-il aller plus loin et
leur reconnaître, dans le domaine civil, la qualité
de juges ?

La réponse à cette question est contenue en partie
dans un texte de Pomponius, mais il peut y avoir
quelque difficulté à l'en dégager. « *Omnium tamen*
» *harum (legum) et interpretandi scientia et actiones*
» *apud collegium pontificum erant : ex quibus consti-*
» *tuebatur, quis quoquo anno, praesset privatis :*
» *et fere populus annos prope centum post XII*

» *tabulas hac consuetudine usus est* » (1). Par ces mots « *Omnium tamen harum legum* », le jurisconsulte entend parler des lois de la période royale aussi bien que des XII tables. Cela résulte de ce qui précède dans le texte. Il nous le semble, tout au moins.

Rien de plus conforme à l'histoire. La science ou plutôt la connaissance des lois et leur interprétation appartient au collège pontifical. Et, ce qui est vrai particulièrement de l'époque des XII tables jusqu'à la préture « *annos prope centum post XII tabulas* », doit s'admettre *a fortiori* pour l'époque précédente où l'influence pontificale s'exerçait encore davantage. Il est assez difficile, il faut le reconnaître, de donner le sens exact de ces mots : « ex quibus constituebatur quis, quoquo anno, *praeesset privatis* » ; (litibus) (2).

Les pontifes ont une part dans l'administration de la justice, cela est certain ; le texte l'indique par ces mots, malheureusement vagues, *praeesset privatis*. Mais quelle est-elle ? Ce délégué du collège pontifical, qui, chaque année, a mission de « *praeesse privatis* » quel est son rôle, de qui tient-il ses pouvoirs, de la coutume, de la tradition ? d'une délé-

---

(1) Dig. L. 2, § 6, de *Orig. jur.*, I, II.
(2) C'est le mot sous-entendu dans la version généralement admise.

gation officiélle? autant de questions sur lesquelles on ne peut faire la lumière complète. « S'il fallait en croire le jurisconsulte Pomponius dans le texte cité, dit un auteur (1), le tribunal des pontifes avant l'établissement de la préture, eût jugé, lui seul, toutes les causes civiles » (2).

C'est là, il faut en convenir, donner du texte qui nous occupe, une traduction plus personnelle qu'exacte. Où dans ce texte, peut-on voir les pontifes ou plutôt le « *tribunal* des pontifes jugeant *seul* toutes les causes *civiles* », avant la création de la préture? On peut trouver, il est vrai, comme le fait d'ailleurs l'auteur que nous citons, « l'assertion de Pomponius des plus douteuses », et en contradiction avec « la presque unanimité des historiens », mais cela suffit-il pour rendre admissible une traduction aussi large? On peut ne pas le croire.

D'autres auteurs et les plus nombreux, précisément à l'aide de l'histoire avec laquelle on allait confondre Pomponius, ont cherché à expliquer les fonctions des pontifes dans l'administration de la justice, en déterminant, autant qu'il est possible, le sens de ces mots «*praessetprivatis.* » Nous convenons

----

(1) CAUVET. *Op cit.*, page 8.

(2) Comment expliquer alors l'existence certaine à cette époque de corps judiciaires organisés, comme les tribunaux des decemvirs et des centumvirs?

qu'ils sont arrivés à des conclusions peut-être moins radicales, mais à tout prendre, préférables pour la mémoire de l'auteur de l'*Enchyridion*. Avec eux, remarquons d'abord que, dans l'ordre civil bien entendu, nulle part on ne trouve, pas plus que dans Pomponius, qu'il ait existé un tribunal de pontifes, un groupement quelconque de ces prêtres, constitué en corps judiciaire. A la vérité, on ne saurait contester que la qualification de *judex* ne leur ait été parfois donnée par les anciens auteurs. Festus a écrit en effet : « *Pontifex maximus judex atque arbiter* » *habetur rerum divinarum humanarumque* » (1). Mais, on croira difficilement que Festus, dans cette phrase, a voulu autre chose qu'affirmer la haute situation, le rôle considérable du chef du collège dans l'organisation de la société romaine.

Cicéron, dans le § 7 de la *réponse aux aruspices*, en parlant des pontifes, emploie plusieurs fois le mot *judices et judicare*, mais il explique le sens spécial attaché à ces mots « *ita est enim interpretatio illa* » *pontificum, ut iidem potestatem habeant judicum.* »

« On considérait les pontifes, dit M. Cuq à propos de ce passage, comme des *judices*, parce qu'ils avaient, à titre d'interprètes de la loi, un pouvoir égal à celui des juges. Le rôle de l'interprète n'est

____

(1) Festus. V° Ordo.

pas sans analogie avec celui du juge : il consiste à
déterminer les cas qui tombent sous l'application
de la loi, de même que le juge applique la loi aux
espèces qui lui sont soumises. Les pontifes mon-
traient le droit, les consuls l'appliquaient », les
consuls ou d'autres magistrats, jouissant de la *jurisdictio*, qui manquait aux pontifes (1). La *jurisdictio* :
voilà le pouvoir qui caractérise le magistrat ayant
mission officielle de juger.

La *jurisdictio*, est-il besoin de le rappeler, comprend de nombreuses prérogatives (2) et n'est elle-
même qu'une conséquence de l'*imperium mixtum*,
que ne posséda jamais, dans l'ordre civil, le collège
pontifical ; « *mixtum est imperium*, dit Ulpien, (3)
» *cui etiam jurisdictio inest, quod in dandâ bonorum*
» *possessione consistit. Jurisdictio est etiam judicis*
» *dandi licentia.* » Aussi est-ce avec raison que
M. Bouché-Leclercq (4) reproche à Gutherius ses

-----

(1) Gutherius. *Op. cit.*, page 156 « Ita vero est interpretatio pontificum, ut iidem potestatem habeant judicum, id est, ut non sint
magistratus non imperium habeant, non jurisdictionem » et plus
loin il ajoute « hoc est notionem habebant, jurisdictionem non habebant,
sed nudam cognitionem sine jurisdictione. » V. Cuq. *Op. cit.*, p. 147.

(2) Elle comportait le *jus edicendi*, le *jus judicandi*, jubendi etc.
Voir Accarias. *Op. cit.*, vol. II, p. 806 et suiv.

(3) Dig. II, I, 3. *in fine*.

(4) Bouché-Leclercq. *Les pontifes de l'ancienne Rome*, page 308.
Nous nous permettrons cependant ume légère critique à ce sujet.
Gutherius a grand soin de distinguer l'ordre civil et l'ordre religieux,

exagérations, en particulier, « lorsqu'il adjuge au *pontifex maximus* les prérogatives des premiers magistrats et même l'*imperium* ».

De tout cela il paraît bien résulter que les membres du collège pontifical ne comptaient pas parmi leurs attributions régulières le droit de juger au civil. S'ils n'étaient point juges et ne pouvaient l'être régulièrement, que signifient ces mots « *præesse privatis* » et quel rôle remplissait, dans l'administration de la justice, le délégué du collège ? Nous pensons avec M. Cuq, tout au moins pour l'époque des XII tables, spécialement visée par Pomponius dans le texte, que ce délégué était chargé de donner son avis au magistrat. Son rôle était sensiblement différent de celui d'un assesseur, en ce sens que son avis portait uniquement sur la question de droit et d'autre part qu'il liait le juge. « L'expression *præesse privatis* ne signifie pas que le délégué des pontifes avait la présidence effective des instances relatives aux intérêts privés : elle caractérise la situation prépondérante qu'il occupait dans l'administration de la justice en qualité d'interprète de la loi » (1). « Cela ne veut pas

____

dans celui-là, tout le premier il reconnaît qu'ils ne possèdent ni juridiction ni *imperium*. Il n'avance cette opinion, d'ailleurs fort prudemment documentée, que pour l'ordre religieux, le taxer d'exagération en *bloc*, peut en paraître une autre.

(1) Cuq. *Op. cit.*, page 148.

dire qu'il présidait, une sorte de tribunal chargé de
statuer sur l'affaire, mais qu'il émettait un avis décisif
pour la solution du litige » (1). L'avis du pontife
délégué avait-il toujours ce caractère également
obligatoire ? Nous ne le pensons pas. D'une façon
générale, tant que les pontifes gardèrent une influence
effective, c'est-à-dire jusqu'à la sécularisation
complète du droit achevée par la création de la
préture (365-388), ils donnèrent des avis aux magistrats. Mais ces avis, croyons-nous, devaient apparaître avec un caractère particulièrement décisif,
dans les affaires où la procédure du *Sacramentum*
avait été employée. On sait qu'elle était à cette
époque la forme d'action la plus usitée. Ici les avis
des pontifes devaient conserver aux yeux du peuple
leur antique signification : c'était comme une manifestation de la volonté des dieux révélée par eux
aux magistrats. Leur intervention à l'occasion du
sacramentum, sans que l'on puisse rien affirmer
d'une façon absolue, paraît exiger encore une
distinction. Elle ne fut point la même, pensons-
nous, au temps qui précéda la loi Pinaria, alors
que le magistrat et le juge ne se distinguaient pas
et pendant la période où les plaideurs, à partir de
cette loi, furent obligés de se présenter devant le
magistrat pour la *judicis addictio*.

------

(1) Cuq. *Op. cit.*, page 413.

Sans doute, de tout temps, le *sacramentum* une fois employé, la question qui sera soumise au juge, qu'il soit nommé par le magistrat, ou qu'il soit le magistrat lui-même, suivant les époques, ou encore un pontife, comme nous le verrons, ne sera jamais celle qui fait l'objet véritable du débat, mais bien celle-ci : quelle est la partie dont le *sacramentum* (1) est *justum* ? Mais pendant la première époque, alors qu'à défaut du roi, les collèges des centumvirs et des decemvirs rendent la justice, le dépôt du *sacra-mentum*, « *ad pontem* » (2) avait pour effet de faire du procès une cause sacrée, nécessitant l'intervention des pontifes comme interprètes de la volonté des dieux. La question qu'ils avaient à trancher était ainsi en apparence, une question religieuse, puisqu'elle n'aboutissait qu'à un verdict déterminant « lequel des deux plaideurs avait eu raison de prendre les dieux à témoin de son affirmation. » « Au fond, c'était un véritable verdict sur le litige » dit Muirhead (3) « et par voie de conséquence la solution

---

(1) Voir Accarias. *Op. cit.*, t. II, page 833 les deux sens du mot *sacramentum*.

(2) C'est-à-dire à la garde des pontifes. Cette expression a son origine probable dans ce fait que primitivement les parties faisaient le dépôt du *sacramentum* au pont Sublicius, où se trouvait le premier autel desservi par les pontifes.

(3) Muirhead. *Op. cit.*, page 95.

du litige, » dit M. Cuq (4). Ainsi, à cette époque, on peut croire que, sans être des juges, les pontifes, le *sacramentum* employé, en avaient réellement les pouvoirs. C'est bien là l'opinion de Muirhead. M. Cuq l'adopte aussi pour la période postérieure à la loi Pinaria jusqu'à la préture, pour les causes qui nécessitaient l'emploi du *sacramentum* et dans le cas où le défendeur ne demandait pas un juge, *a fortiori* devait-il en être ainsi, pourrait-on dire, à l'époque où nous nous plaçons. D'ailleurs, M. Cuq, quand il émet cette opinion pour le temps et avec les limites que nous venons d'indiquer, paraît bien voir là les restes d'un pouvoir des pontifes qui, autrefois, avait dû s'affirmer plus général et plus puissant, alors que la distinction du magistrat et du juge n'existait pas et que la procédure par serment était déjà usitée.

Pendant cette période, le montant du *Sacramentum* perdu était acquis à la caisse du collège pontifical; c'est-à-dire que, aussi longtemps qu'en réalité les jugements furent rendus par les pontifes, ceux-ci profitèrent des frais du procès qui, plus tard, iront à l'*ærarium*, quand sera venue la sécularisation des institutions juridiques. C'était juste et logique : on indemnisait en quelque sorte, par là, les dieux et leurs ministres du temps distrait du culte.

---

(4) Cuq. *Op. cit.*, p. 413.

A cette époque encore, pensons-nous, on devait parfois rencontrer l'intervention des pontifes dans la justice civile sous une autre forme. De même qu'on vit des Sénateurs délégués par le Roi pour juger, de même il dut arriver que les pontifes, à raison de leur culture et de leur pratique juridiques, reçurent pareille *délégation*. Leur science ne les recommandait-elle pas pour les espèces particulièrement délicates ?

Il est probable que, dans ce cas, l'emploi de la procédure par serment était exigé.

Du jour où la distinction du *jus* et du *judicum* fut reconnue, les parties étant admises à choisir leur juge (*judex privatus*) (1), il est vraisemblable que les pontifes furent à l'origine préférés. On sait d'ailleurs, par Cicéron (2), que l'usage du « *judex privatus* » était fort ancien. Peut-être avait-il été préparé par l'habitude où étaient les magistrats de déléguer leur droit de juger? On peut supposer, d'après cette habitude, que la loi Pinaria ne fit que donner force obligatoire à une pratique dont le temps avait montré l'excellence.

Ainsi qu'ils étaient juges dans ce cas (*judex pri-*

---

(1) Ce *judex privatus* n'avait évidemment pas l'*imperium*, les parties devaient très probablement assurer elles-mêmes l'exécution de la sentence.

(2) CICÉRON. *Pro Cluentio*, 43.

vatus), ainsi ils devaient ètre arbitres ; la différence entre les deux fonctions ne portant que sur l'étendue des pouvoirs reconnus à celui à qui on soumettait la contestation.

Von Ihering a estimé cette fonction de l'arbitrage par les pontifes si importante, qu'il a voulu tirer de là, la nécessité pour eux d'établir une pratique particulière qui reçut le nom de procédure des actions de la loi. Sans partager cette opinion, ainsi qu'on le verra plus loin, nous avons cru qu'il était intéressant de la signaler.

On a vu déjà, quelle fut la fonction probable des pontifes dans l'administration de la justice à l'époque des XII tables : Il nous reste cependant à examiner une opinion émise par M. Accarias, au sujet du rôle attribué aux pontifes par Pomponius, spécialement pendant le laps de temps qu'il délimite par ces mots : « *et fere populus annis prope centum hac consuetudine usus est* ».

La république une fois établie, dit en résumé M. Accarias, la *jurisdictio* qui appartenait aux rois, passa aux mains des consuls pendant trois ans, les decemvirs en disposèrent à leur tour. Puis elle revint aux consuls; mais il y eut une période de 80 ans environ « *prope centum annis* » pendant laquelle les Romains eurent tantôt des consuls, tantôt des tribuns militaires investis du pouvoir consulaire de l'année 433-310 à 365-388. (Chose remarquable, ce sont les dates, ou à bien peu près, de la divulgation des archives pontificales et de l'institution de la préture). « Or, continue l'éminent auteur, le texte de Pomponius me conduit à croire que, dans tout le cours de cette période, la *jurisdictio* fut séparée des autres attributs du pouvoir suprême : par conséquent, n'appartint ni aux consuls, ni aux tribuns militaires, mais fut confiée aux pontifes » (1).

Nous ne saurions nous ranger à cette opinion. On peut constater d'abord qu'elle contredit l'avis unanime des auteurs, qui sont d'accord pour déclarer que jamais les pontifes, dans l'ordre civil, ne possédèrent la *jurisdictio*, mais ce qu'on peut surtout remarquer, c'est que le choix de l'époque où les pontifes auraient joui de cette haute prérogative est peu heureux. En effet, tous les événements importants de l'histoire du droit, de la chute de la royauté à la préture, marquent, étape par étape, le mouvement de sécularisation des institutions et de la loi, se dégageant de plus en plus de toute influence ecclésiastique : chacune de ces étapes est une victoire populaire sur l'élément aristocratique, qui gouverne et dont le collège pontifical est le plus ferme appui, gardant les lois et les pratiques qui

------

(1) ACCARIAS. *Op. cit.,* vol. II, p. 84. Voir aussi Paul GIDE. *Op. cit.,* p. 90.

assurent sa suprématie. La nomination des decemvirs, la publication des XII tables, l'institution
des tribuns du peuple et de leur droit de *veto*, la
divulgation des archives pontificales, la création des
tribuns militaires, celle du préteur enfin, voilà
autant d'événements qui se placent à l'époque
indiquée par M. Accarias, et prouvent clairement
qu'à ce moment, loin d'armer les pontifes d'un
pouvoir qu'ils n'avaient jamais possédé jusque-là,
on ne songeait qu'à s'affranchir de leur tutelle et
à ruiner leur influence.

Si, au dire de Pomponius, les pontifes jouèrent
encore un rôle important dans l'administration de la
Justice pendant près d'un siècle après la publication
des XII tables et de leurs propres archives, les deux
faits furent presque concomittants, c'est qu'ils
avaient su se rendre indispensables par le mystère
dont ils avaient habilement entouré toutes les choses
du droit, forme et fond ; et comme il ne se formait de
jurisconsultes qu'au sein de leur collège (1), quand
vint la publication des lois, et surtout de la forme
des actes et des formules d'actions, il ne se trouva
personne ayant une culture juridique suffisante pour
se servir utilement des éléments mis à la disposition

____

(1) IHERING. *Op. cit.*, t. III, p. 95. L'auteur compare le collège des
pontifes à une *Faculté de Droit*.

du public. La difficulté de l'interprétation devait
s'augmenter d'ailleurs du caractère religieux attaché
aux formules, qui ne s'affaiblit que peu à peu.
On resta donc tributaire de la science des pontifes
dont les avis étaient encore indispensables; l'on
conserva par nécessité le délégué annuel du collège,
jusqu'à ce qu'enfin, les scrupules religieux apaisés,
les formules et les actions étant reconnues impra-
tiques par ceux qui s'étaient adonnés à l'étude du
droit, le préteur, sans les abroger, en créa de nouvelles. Les dieux y étaient moins souvent invoqués,
mais les faits, objets de la contestation, y étaient
plus décrits et les prétentions respectives des parties
mieux affirmées. Désormais, le droit romain possédait la *demonstratio* et l'*intentio*.

CHAPITRE VII

LES PONTIFES ET LA PROCÉDURE

<hr>

Actus legitimi et *legitimæ actiones*. — Le calendrier judiciaire.
— Divulgation des archives pontificales. — Ruine de l'influence
civile et politique des pontifes.

Si l'*imperium* et la *jurisdictio* manquaient aux
pontifes, et c'est pourquoi ils ne jugeaient pas, ils
ne devaient pas moins remplir, on a pu s'en rendre
compte, un rôle considérable près des juges et des
parties, conseillant et guidant chacun, intervenant
souvent au cours de la procédure, enfin fournissant
les formules d'actions, comme on le verra. De même,
s'ils ne possédaient pas la « *legis actio* » (1) c'est-à-
dire le pouvoir de rendre légalement efficaces des
actes extrajudiciaires, tels que la mancipation,

<hr>

(1) Est-il utile de faire remarquer que la *legis actio* et les *legis
actiones* sont choses absolument distinctes ? Bornons-nous à citer un
texte « Apud magistratus municipales, si habeant *legis actionem*
emancipari et manumitti potest » Paul, Sent. 25, 4.

l'émancipation, l'*in jure cessio*, etc…, leur influence s'exerçait cependant près des magistrats qui possédaient ce pouvoir et leur concours était nécessaire aux parties en présence. Là encore, pensons-nous, ils vont réglementer la pratique juridique et le cérémonial, en même temps qu'ils fourniront les « *certa verba* » indispensables à la régularité de l'acte.

« *Lege agere* » ce n'est pas seulement se conformer dans les contestations, à la procédure des actions de la loi, c'est aussi se conformer à la pratique usitée pour les actes extra-judiciaires auxquels un magistrat préside.

Les « *actiones* » ne sont que l'ensemble de ces procédures ; le mot *actio* dans son sens premier paraît ne devoir désigner que la mise en mouvement du droit conformément à la loi ou aux traditions, comme elle, obligatoires (1). Nous savons quels sont les auteurs et les gardiens de ces procédures, de ces « *actiones* ».

D'après M. Cuq (2), on rencontre pour la première fois le mot *actiones*, pris dans le sens particulier d'action en justice, dans les *tripartita* de Sextus Œlius.

------

(1) On rencontre encore à l'époque classique , le mot *actio* employé pour désigner un de ces actes juridiques solennels de l'ancien droit. Paul (vat. fr. 47) appelle *actio* l'*adjudicatio* et l'*in jure cessio*.

(2) Voir Cuq. *Op. cit.*, page 151, note 1.

Aussi quand Pomponius dit « *actiones apud colle-gium pontificum erant* », il ne vise pas exclusive-ment les actions de la loi, mais d'une façon générale les « *actiones* » contenues dans les livres pontificaux et que le scribe Flavius divulgua quelque temps après la promulgation des XII tables, ainsi que Pomponius le dit dans le même texte. Sur ce point, de la divul-gation, les témoignages des auteurs sont nombreux et unanimes. Cicéron, Tite-Live, Valère-Maxime, Macrobe, Pline, (1) que disent-ils ?

Flavius fit connaître au peuple deux choses, le *jus civile* et les *fasti*.

Citons Tite-Live et Valère-Maxime.

Le premier dit : « *civile jus* repositum in penetra-libus pontificum evulgavit *fastosque* circa forum in albo proposuit ut quando lege agi posset sciretur », le second : « *Jus civile* per multa sœcula inter sacra ceremoniasque deorum immortalium abditum solis-que pontificibus notum — vulgavit ac *fastos* pæne toto foro exposuit ». Laissons de côté la question du calendrier ou des fastes. nous y reviendrons dans un instant, et ne nous occupons que de ces mots « *jus civile evulgavit* ». Que pouvait être le *jus civile* qui fut divulgué à cette époque, alors que la loi

____

(1) Voir MARQUARDT. Le *culte chez les romains*, tome I, page 382, note 3 et KRUEGER, *Op. cit.*, p. 39.

civile était connue, puisque les XII tables avaient été promulguées depuis plusieurs années déjà? Qu'est-ce donc que fit connaître au peuple reconnaissant le scribe dont il fit la fortune? Que tenaient caché les pontifes? Les lois étant connues, ce ne pouvait être que leur interprétation, les quelques antécédents judiciaires qui avaient pu en résulter, mais surtout la mise en œuvre des droits reconnus par ces lois, la pratique juridique et judiciaire, c'est-à-dire la forme des actes et des actions ou la procédure dans un sens large, d'un mot, les « *actiones* ». Et d'ailleurs, les actes juridiques de l'ancien droit et les actions de la loi ne dénotent pas seulement par leur forme, leur communauté d'origine. Ni les uns ni les autres ne sont l'œuvre de la loi, cependant ils en ont la force obligatoire, on la leur reconnaît. N'y a-t-il qu'une pure coïncidence dans ce fait?

Papinien qualifie d' « *actus legitimi* » les actes juridiques de l'ancien droit (1) de même que Pomponius appelle « *legitimæ actiones* » les actions de la loi.

Si on ajoute à cela les « *certa verba* » nécessaires dans les deux cas et auxquelles on ne peut rien changer à peine de nullité (2), l'impossibilité d'user

---

(1) Papinien. Dig. L. 17, 77, ce texte en cite quelques-uns.

(2) Gaius. C. IV, 11 et C. II, 218.

de la représentation, n'y a-t-il pas là un ensemble de caractères communs, trahissant la même origine ?

Il n'entre pas dans notre cadre d'étudier les actions de la loi, pas plus que les *actus legitimi* ; il nous suffisait de rechercher de qui ils pouvaient être l'œuvre : les pontifes les créèrent, la tradition les imposa (1).

Ihering se pose la question de savoir comment les pontifes furent amenés à créer une procédure (2). Il en donne l'explication suivante : le collège des pontifes, fréquemment sollicité par les particuliers d'accepter l'arbitrage de leurs différends, songea, pour gagner du temps et surtout pour offrir plus de garantie et de sécurité aux parties, à arrêter une pratique et des formules répondant à ces deux *desiderata*, — d'où les actions de la loi. — Les résultats en parurent sans doute si excellents que les juridictions ordinaires s'empressèrent de demander l'aide des pontifes et de leur procédure. Cette explication, tout exacte qu'elle puisse être, peut ne pas paraître entièrement satisfaisante. Nous pensons que cette autre la compléterait utilement : le tribunal des pontifes jugeant en matière religieuse, est vraisemblablement aussi ancien que l'existence du collège

____

(1) Voir HULLMANN. *Jus Pontificium der Römer*, Bonn, 1837. § 139.

(2) IHERING. *Op. cit.*, tome I, p. 300.

lui-même. Ce tribunal , composé d'hommes dont l'étude du droit était une des principales occupations, devait avoir une procédure qui, si elle ne possédait pas le nom de procédure des actions de la loi, devait s'en rapprocher beaucoup et l'a probablement engendrée. Elle était la seule existante quand , dans l'ordre civil, au régime de la justice privée, succéda celui de l'arbitrage, du *judex privatus* et des tribunaux organisés ; on ne put mieux faire que de l'emprunter aux pontifes. Dans tous les cas, on ne peut nier l'empreinte puissante dont elle marque tout le droit romain. On a pu l'accuser de formalisme, mais son respect de la forme et de la lettre rendit les plus grands services à notre époque, où l'organisation sociale n'était encore que rudimentaire ; ce fut probablement alors la sauvegarde de la légalité, comme aussi celle des parties.

La procédure et la forme des actes juridiques de l'ancien droit, voilà les deux faits qui témoignent le plus tôt et le plus tard, dans l'histoire du droit romain, de l'action considérable que les pontifes exercèrent dans l'ordre civil (1).

----

(1) M. Cuq dit à ce sujet : « Il ne faut pas s'étonner que les formes de la mancipation de l'*in jure cessio*, de l'adoption, de l'émancipation, aient subsisté jusqu'à Justinien, c'est qu'elles avaient été établies par des règlements que l'on considérait comme ayant force de loi. » (*Op. cit.*, page 151).

Une bonne part de l'influence dont les pontifes jouissaient au point de vue civil, leur venait encore de la charge qu'ils avaient de confectionner le *calendrier* et de veiller à son observation. Il serait bien difficile d'exposer la théorie de la supputation du temps, telle que Rome l'accepta des mains des pontifes (1). Il nous suffira d'en donner une idée, surtout au point de vue civil et judiciaire, qui nous intéresse particulièrement; mais l'essentiel sera pour nous de montrer qu'elle est l'œuvre des pontifes. La preuve de ce dernier point nous est fournie par Macrobe où on lit : « *Priscis ergo temporibus ante-*
» *quam fasti a Cn. Flavio scriba invitis patribus in*
» *omnium notitiam proderentur, pontifici minori*
» *hæc provincia delegabatur, ut novæ lunæ primum*
» *observaret aspectum visamque regi sacrificulo nun-*
» *tiaret. Itaque sacrificio a rege et minore pontifice*
» *celebrato, idem pontificex calatâ, id est vocatâ, in*
» *capitolium plebe juxta curiam calabram quot nume-*
» *ro dies a Kalendis* (2) *ad Nonas superessent pronun-*

---

(1) Voir sur la question Bouché-Leclercq. *Les Pontifes de l'ancienne Rome*, p. 238. — Gutherius. *Op. cit.*, p. 89 et 93. — Daremberg et Saglio, *Op. cit.*, V^{is} *Calendarium* et *fasti*. — Voir Ihering. *Op. cit.*, t. I, p. 292. — P. Krueger. *Op. cit.* p. 39.

(2) Les calendes étaient les premiers jours du mois, les nones les derniers, entre eux se trouvaient les ides. — Le mot Kalende, probablement en souvenir de cette convocation du peuple, vient de *Calare*, convoquer.

» *tiabat* » (1). Varron (2) confirme sur ce point le témoignage de Macrobe. Plus tard, le calendrier sera affiché sur les murs de la *regia* où habite le P. M. Les pontifes, il faut l'avouer, étaient de piètres astronomes et de médiocres mathématiciens ; l'année lunaire, telle qu'ils la conçurent, était en contradiction avec les saisons au bout de quelques années, puisqu'elle ne comprenait guère que 350 jours environ. Une première correction fut tentée ; un mois intercalaire de 22 ou 23 jours fut ajouté tous les deux ans, mais cette pratique paraît avoir été de bonne heure abandonnée, et les pontifes furent chargés du soin de désigner les *dies inter-calati,* qu'ils fixèrent selon leur bon plaisir, s'il faut en croire le grammairien Censorinus. « *Quod delic-* » *tum ut corrigeretur, pontificibus datum est nego-* » *tium eorumque arbitrio intercalandi ratio permissa.* » *Sed horum plerique ob odium vel gratiam, quoquis* » *magistratu citius abiret diutiusve fungeretur aut* » *publici redemptor ex anni magnitudine in lucro* » *damnove esset, plus minusve ex libidine interca-* » *lando rem sibi ad corrigendum mandatam ultro* » *depravarunt.* » (3). Ainsi leurs passions les inspi-

---

(1) Macrobe. *Saturnales,* I, 15.

(2) Varron. *De linguâ latinâ,* 6 § 27.

(3) Censorinus. *De die natali,* § 20. — Suétone. *Jul. Cœs.,* 40. — Cicéron. *Ad. Att.,* V. 9 et 13.

rèrent souvent dans le choix des jours intercalaires,
dont ils faisaient à volonté des jours fériés ou des jours
ordinaires. L'intercalation était la plupart du temps
une manœuvre politique. Par leur pouvoir illimité,
ils pouvaient prolonger le mandat annuel de certains
hauts fonctionnaires, y compris les consuls (1), le
terme des contrats des collecteurs d'impôts, les délais
de la procédure (2). D'autre part, le calendrier romain
était plus qu'une table chronologique : on y trouvait
aussi l'indication des jours où il était permis de
tenir les comices, d'accomplir tel acte religieux, de
s'occuper d'affaires civiles, de procès (3) ; aussi n'y
a-t-il pas lieu de s'étonner de la façon dont le peuple
témoigna de sa reconnaissance à Flavius, dont il fit
un de ses tribuns lorsque, dérobant les secrets des
pontifes, il livra leurs livres à la publicité (4). Le

---

(1) L'année consulaire avait rarement le même nombre de jours.

(2) Voir sur cette question HULLMANN, pages 160 et suiv.

(3) Conf. GUSTAVE HUGO. *Histoire du droit romain.* (Traduction de
Jourdan. Paris, 1825, p. 221 et 222).

(4) HULLMANN, qui s'est attaché particulièrement à l'étude de cette
question de la divulgation, émet à ce sujet une opinion assez curieuse;
pour lui, ce n'est pas Cn. Flavius qui, en réalité, rendit au peuple ce
service considéré comme un bienfait public. Un pontife seul a pu en
être le véritable auteur. car, seul, il a pu avoir à sa disposition les
documents et les connaissances nécessaires à cette divulgation. Cn.
Flavius ne fut qu'un instrument. D'une part, ce fils d'affranchi, ce
scribe, au dire des auteurs, était secrétaire du fier Appius Claudius,
censeur et plus tard consul. D'autre part, l'histoire conserve le souvenir d'un épisode qui semble bien démontrer qu'Appius avait, dans
un temps, fait partie du collège pontifical. N'est-ce pas lui, en effet,

peuple savait désormais quels jours il pouvait agir en justice et accomplir valablement les actes de la loi sans violer les règlements religieux et surtout sans encourir le « *piaculum* » dont il se voyait frappé par les pontifes.

Voyons brièvement la division des jours au point de vue civil; les pontifes avaient réparti tous les jours de l'année en *nefasti*, *fasti*, *comitiales*, *intercisi* (1).

Au nombre de soixante environ, les *dies nefasti* étaient consacrés au culte des dieux infernaux et à des actes de purification; pendant leur durée, la vie politique ou civile était entièrement suspendue. Les *dies fasti*, au nombre de quarante, étaient complètement donnés aux affaires civiles et le magistrat

---

qui releva la *gens* fameuse des Potitiens d'une lourde charge de sacrifices religieux? Or, un pontife seul avait ce pouvoir. Il est vrai que les membres de cette *gens* n'eurent pas à se féliciter, par la suite, de la faveur dont ils avaient été l'objet. — On sait quel châtiment terrible elle leur valut. — Quoi qu'il en soit, ces différents faits, par leur simple rapprochement, paraissent bien établir qu'Appius, voulant probablement tirer vengeance du collège des pontifes, en même temps qu'il poursuivait ses projets d'ambition politique, fournit à son secrétaire le moyen de prendre copie des livres pontificaux et lui donna l'ordre de les livrer à la publicité. — Le résultat de cette manœuvre ne se fit pas attendre : la reconnaissance populaire fit d'Appius un consul et de Flavius un tribun. — Voir Hullmann. *Op. cit.*, § 140, 141, 142, 143, 144, 145, 146.

(1) Conf. Varron. *De linguâ latinâ*, VI § 29, 30 et 31. — Macrobe. *Saturnales*, 1, 14, 15 et 16. — Hullmann, *Op. cit.* § 135, 136, 137 et 138.

pouvait y prononcer les mots « *do, dico, addico* ». —
Quant aux *dies comitiales,* au nombre de cent quatre-
vingt-dix, ils étaient spécialement réservés aux
comices, mais à défaut d'assemblées, ils restaient
libres pour l'exercice des juridictions et de la *legis
actio.* On pouvait également « *lege agere* » pendant
les *dies intercisi* vers le milieu de la journée, dans le
temps laissé libre par les solennités religieuses qui
occupaient la matinée et la soirée.

Les pontifes combinaient cette première réparti-
tion des jours, dont ils ne faisaient connaître la nature
que pour peu de journées à la fois, avec une autre
division en *dies festi* et *dies profesti,* source de nouvelles difficultés. Cette dernière division s'appliquait
à la tenue des jeux solennels et de certaines cérémonies religieuses.

Ainsi le collège des pontifes possédait, en fait, la
haute main sur la formation et l'application du droit.
— Règles interprétatives de la loi, formulaires et
modèles d'actes juridiques, procédure, jurisprudence, calendrier, ils avaient fait un secret de tout
cela au profit du patriciat dont ils sortaient.

On peut juger par là quelle pouvait être l'influence (1) pontificale. Il nous reste à essayer d'indi-

____

(1) Von Ihering se sert de l'expression « la domination des pontifes. »
V. *op. cit.,* tome III, page 79.

quer d'une manière succincte, quelles furent les
causes principales qui, lentement, amenèrent son
amoindrissement et sa disparition.

La puissance des pontifes, née aux premiers temps
de la cité, dut grandir pendant toute la royauté. On
peut croire que la chute de ce régime (509-244)
auquel elle survécut (2), ne la modifia point sensiblement. En effet, au début du Consulat, les pouvoirs
publics appartiennent tout entiers aux patriciens, et
ceux-ci ont trop d'intérêt à favoriser l'influence des
pontifes, qui ne sortent que de leur classe, pour ne
pas le faire, autant qu'il dépend d'eux.

Mais on est en droit de supposer que la situation
changea bientôt. La création des tribuns du peuple
(493-260) fut, pensons-nous, en même temps, et la
première victoire de la plèbe sur le patriciat, et la
première cause de l'affaiblissement de l'influence des
pontifes sur le droit. Les tribuns ne réclamèrent-ils
point, tout d'abord, au nom de leurs mandataires,
de nouvelles lois, consacrant l'égalité civile et la
possibilité pour le peuple de les connaître ? Ils ne
tardent pas à obtenir l'envoi des decemvirs en Grèce
(451-302) en vue de la réforme législative projetée.
Deux ans après, apparaissent les XII tables. Que

-----

(2) Le texte déjà cité de POMPONIUS (*Dig. de Orig. juris*, 2, 2 § 6)
le prouve, puisqu'il parle du pouvoir d'interprétation des pontifes,
spécialement pour l'époque des XII tables.

sont-elles ? Sans doute des textes d'une brièveté exagérée et voulue, nécessitant une œuvre considérable d'interprétation, dont on chargera à regret les pontifes ; ceux-ci pourront la compliquer à plaisir, dans une intention qu'on devine bien ; mais enfin la loi a cessé d'être complètement un secret. Puis les plébéiens, presque à cette époque, étant entrés au collège pontifical (447-306), la publication des archives de ce collège se produira bien vite : vers l'an (445-308), elle éclate subitement. L'indiscrétion calculée de Cn. Flavius la réalise. Dès lors l'influence des pontifes est directement atteinte. Les règles d'interprétation, les formules et le calendrier judiciaire ont été copiés ; il devient possible de se livrer à l'étude du droit, qui bientôt ne sera plus le monopole des pontifes.

Leurs avis, il est vrai, sont encore nécessaires ; on est trop peu familiarisé avec le droit et surtout avec la procédure, pour appliquer sûrement les textes. On a donc recours à leur expérience, mais on repousse, autant qu'on le peut, leur tutelle.

Presque en même temps, sinon la même année que la divulgation des livres du collège, se produit un autre fait notable. La loi *Canuleia*, votée après de longs débats, accorde le *connubium* aux plébéiens. Les mariages entre ces derniers et les patriciens, étant permis, deviennent vite fréquents. La *coemptio* supplante peu à peu la *confarreatio*. L'intervention des pontifes ne sera plus qu'une exception. Les patriciens entre eux déserteront eux-mêmes l'antique forme des unions : le mariage est sécularisé.

D'autre part, l'indifférence religieuse envahit les consciences. L'importation des cultes étrangers empruntés aux ennemis vaincus, commence à ébranler la foi ; la philosophie grecque (1), mère de la critique, en pénétrant à Rome, jeta la déconsidération sur les représentants officiels de la religion et sur leur action dans la société.

Déjà depuis longtemps, comme on l'a vu, les plébéiens peuvent faire partie du collège pontifical ; mais ils ne se servirent guère de cette conquête, en vue de leur émancipation définitive, qui fut liée ce semble, à la sécularisation des lois. Cela se comprend, n'avaient-ils pas dans leurs tribuns, les meilleurs artisans de la séparation du droit et de la religion, en même temps que de leur indépendance. Les voici qui obtiennent la création du préteur (365-388) ; c'est le dernier coup porté à la puissance pontificale défaillante. Le principal soin de ce magistrat, en effet, sera d'instituer, à côté des actions de la loi non abrogées, d'autres formules qui seront, chaque année, affichées sur l'album avec le texte des

____

(1) L'Evhémérisme est presque contemporain de la divulgation des archives pontificales.

lois qu'il entend appliquer. Ces formules, par leur clarté et leur commodité, seront aussitôt recherchées.

Enfin l'enseignement public du droit qui suivit de près les réformes prétoriennes, consomma la ruine définitive de l'influence juridique du collège des pontifes. Il ne sera plus qu'une institution religieuse vieillie et sans action, que les Romains conservateurs garderont jusque sous l'empire, par esprit de tradition.

DROIT FRANÇAIS

LOI DU 19 FÉVRIER 1889

RELATIVE A L'ATTRIBUTION DES INDEMNITÉS DUES PAR SUITE D'ASSURANCE
ET DANS CERTAINS CAS, PAR SUITE DE RESPONSABILITÉ.

COMMENTAIRE DES ARTICLES II A IV

PRÉLIMINAIRES

HISTORIQUE ET TEXTE DE LA LOI

C'est au cours de tentatives faites pour organiser
en France le crédit agricole, qu'il fut question, pour
la première fois, d'attribuer aux créanciers hypothécaires ou privilégiés les indemnités d'assurances
payées à l'occasion de la destruction des choses sur
lesquelles portaient leurs droits réels.

Le Ministre de l'Agriculture en 1879, en vue de
cette organisation, nomma une commission. Les

travaux de cette commission fournirent au gouvernement les éléments d'un projet de loi déposé par lui au Sénat dans la séance du 20 juillet 1882 (1).

On y lisait un article 16 qui deviendra plus tard notre art. 2. Il était conçu en ces termes : « Tous » les privilèges mobiliers s'exercent dans l'ordre de » leur classement, sur les indemnités dues par les » compagnies d'assurances contre l'incendie, contre » la grêle, contre la mortalité des bestiaux et les » autres risques agricoles. » Le principe nouveau, consacré par cet article 16 parut tellement conforme à l'équité, qu'on désira dès lors lui donner une portée générale. A la demande du Ministre de la justice, il fut détaché de ce projet d'organisation du crédit agricole qui reste encore à l'étude, pour devenir la base de notre loi. On se contenta de supprimer le dernier mot : « agricoles », et ainsi se trouva constitué l'art. 2. Autour de lui vinrent se grouper dans la suite les autres dispositions.

L'attribution privilégiée des indemnités d'assurances n'était applicable à l'origine qu'aux créanciers dont le droit réel portait sur un meuble. En 1887, le texte soumis au Sénat fut plus compréhensif : les titulaires d'hypothèques ou de privilèges immobiliers pouvaient profiter de l'attribution. Enfin les art. 3

____

(1) *Journal officiel,* docum. Sénat, 1882, page 471. Annexe, N° 407.

et 4 furent adjoints à la loi au cours de la discussion au Sénat sur la proposition de M. Lacombe, dans la séance du 6 mars 1888.

La discussion et le vote au Sénat, eurent lieu en première lecture, dans les séances des 2, 10 et 23 février 1888, en seconde lecture, dans la séance du 6 mars de la même année.

Le projet adopté par le Sénat fut déposé à la Chambre par le Ministre de l'agriculture, dans la séance du 28 juin 1888. Le rapport fut présenté par M. Maunoury, dans la séance du 17 novembre 1888 (1).

L'adoption par la Chambre des députés ne donna lieu à aucun débat. Le vote en première lecture eut lieu le 26 janvier 1889; en seconde lecture, le 5 février.

Le 19 du même mois, la loi était promulguée et le 20 elle paraissait au *Journal officiel* dans les termes suivants :

ART. 1ᵉʳ. — . . . . . . (2).

____

(1) *Journal officiel*. docum. Chambre, 1889, p. 547, Annexes, Nᵒ 3194.

(2) Cet article étranger à notre matière est ainsi conçu :

« Le privilège accordé au bailleur d'un fonds rural par l'art. 2102 » du C. civ. ne peut être exercé même quand le bail a acquis date » certaine que pour les fermages des deux dernières années échues,

Art. II. — *Les indemnités dues par suite d'assurances contre l'incendie, contre la grêle, contre la mortalité des bestiaux ou les autres risques, sont attribuées, sans qu'il y ait besoin de délégation expresse aux créanciers privilégiés ou hypothécaires suivant leur rang. Néanmoins les paiements faits de bonne foi avant opposition sont valables.*

Art. III. — *Il en est de même des indemnités dues en cas de sinistre par le locataire ou par le voisin par application des art. 1733 et 1382 du C. civ.*

En cas d'assurance du risque locatif ou du recours du voisin, l'assuré ou ses ayants droit ne pourront toucher tout ou partie de l'indemnité sans que le propriétaire de l'objet loué, le voisin ou le tiers subrogé à leurs droits, aient été désintéressés des conséquences du sinistre.

Art. IV. — *Les dispositions de l'art. II ne préjudicieront pas aux droits des intéressés dans le cas où l'indemnité aurait fait l'objet d'une cession éventuelle*

» de l'année courante et d'une année à partir de l'expiration de l'année
» courante ainsi que tout ce qui concerne l'exécution du bail et pour
» les dommages-intérêts qui pourront lui être accordés par les tribu-
» naux.
» La disposition contenue dans le paragraphe précédent ne s'ap-
» plique pas aux baux ayant acquis date certaine avant la promulga-
» tion de la présente loi. »

à un tiers par acte ayant date certaine au jour où la présente loi sera exécutoire à la condition, toutefois, que le transport, s'il n'a pas été notifié antérieurement en conformité de l'art. 1690 C. civ., le soit au plus tard, dans le mois qui suivra (1).

Ainsi qu'on a pu le voir déjà, la loi du 19 février 1889, dans la partie que nous nous proposons d'étudier, contient deux sortes de dispositions complètement distinctes et qui, pour éviter la confusion, devront être envisagées séparément.

1° l'art. 2, l'art. 3, § 1 et l'art. 4 ont trait à l'attribution des indemnités dues au sinistré, soit par l'assureur *direct* de la chose détruite ou avariée, soit par le locataire ou le voisin responsable du sinistre (articles 1733 et 1382 du C. civ.).

-----

(1) Nous n'avons presque rien à dire de cette disposition transitoire. L'intention du législateur ici est claire et suffisamment exprimée : il a voulu sauvegarder *les droits acquis* à des cessionnaires, tout en leur imposant certaines formalités de nature à rendre impossible *toute fraude* pouvant atteindre les créanciers attributaires.

Remarquons que si, au cours d'un procès, un créancier cessionnaire invoquait contre les créanciers légalement attributaires, un transport éventuel de l'indemnité, stipulé à son profit, il ne pourrait en recueillir le bénéfice en arguant de l'art. IV, qu'à deux conditions : 1° il devrait prouver que l'acte par lequel la délégation lui a été consentie par l'assuré, avait date certaine au jour de la promulgation de la loi ; 2° il devrait établir que la cession de droit à lui faite, a été signifiée à l'assureur, au plus tard dans le mois qui a suivi la promulgation de la loi.

2° le § 2 de l'art. 3, qui aurait pu former un article spécial, a trait à l'attribution des indemnités dues non par l'assureur direct à *l'assuré*, non par le locataire ou le voisin responsable au *sinistré*, mais par l'assureur de la responsabilité locative ou de voisinage à la personne *responsable* du sinistre.

D'une part, il s'agit d'indemnités d'assurances contre les *sinistres* ou mieux contre la *destruction totale* ou *partielle* de la chose grevée ; d'autre part, il s'agit d'indemnités d'assurances contre la *responsabilité*.

Ces deux sortes de dispositions seront examinées dans deux parties distinctes.

Dans notre première partie, le paragraphe 1 de l'art. 2 et le paragraphe 1 de l'art. 3, bien que visant des indemnités régies par les mêmes règles quant à leur paiement, devront être étudiés successivement, ces indemnités étant d'origine différente.

Après avoir déterminé les différentes indemnités tombant sous l'application de la loi dans les deux paragraphes cités, nous nous demanderons à qui elles sont dues ; en troisième lieu, nous envisagerons le payement et ses conditions de validité.

Dans la deuxième partie, nous nous efforcerons de préciser le but et les effets de l'art. III, § 2. Nous rechercherons un mode pratique de paiement de l'indemnité dans les deux cas d'assurance de responsabilité prévus par cet article.

Dans la troisième partie, nous examinerons : 1º les principales critiques adressées à la loi ; 2º les modifications en projet au parlement ; 3º les principales dispositions de quelques législations étrangères concernant notre matière.

PREMIÈRE PARTIE

CHAPITRE Iᵉʳ

DES INDEMNITÉS DE L'ARTICLE II

SECTION Iʳᵉ

Sens général de la loi.

Quand un bien grevé d'un privilège ou d'une hypothèque, aura été assuré contre l'incendie, la grêle etc., les créanciers titulaires du privilège de l'hypothèque ne verront pas en cas de sinistre, leurs droits s'anéantir ou s'amoindrir avec l'objet sur lequel ils portaient. Leurs droits réels, survivant à la perte totale ou partielle de la chose grevée, s'exerceront sur l'indemnité d'assurance, celle-ci

étant sans stipulation particulière et de plein droit,
attribuée aux créanciers suivant leur rang. Tel est
le sens général de la loi dans sa partie principale.

Il est clair que l'esprit de cette disposition est
entièrement conforme à l'équité. L'indemnité, dit-
on, ne représente-t-elle pas en fait sinon en droit, les
choses détruites ou avariées ? N'est-il point juste dès
lors que les créanciers aient sur cette indemnité les
mêmes droits que sur les objets assurés.

Les paroles de M. Labiche, rapporteur au Sénat,
fixent d'une façon absolue la pensée du législateur,
« l'objet de l'art. 2, disait-il, consiste à assimiler de
» plein droit l'indemnité payée par les compagnies
» d'assurances au prix de vente des objets assurés
» sur lesquels existent soit des privilèges, soit des
» hypothèques. L'adoption de l'article aura donc
» pour effet de faire porter sur les indemnités dues
» par suite d'assurances les privilèges ou hypo-
» thèques qui, en cas de vente, auraient pu s'exercer
» sur le prix ». C'est à chaque instant, au cours des
débats au sénat qu'on reviendra à cette idée : les
indemnités d'assurances et le prix de vente de biens
grevés doivent être traités de la même façon par
rapport aux créanciers privilégiés ou hypothécaires ;
cette pensée dominera et éclairera toutes les discussions. Cependant on peut ne pas croire que cette
assimilation, encore qu'elle satisfasse l'équité et
qu'elle puisse rendre service dans la pratique, soit

conforme aux principes du droit civil en matière d'hypothèques et de privilèges.

En effet, si les sûretés réelles de ces créanciers subsistent malgré la vente du bien grevé, c'est que leur gage n'a pas été détruit. A la vérité il a changé de patrimoine, mais dans celui où il vient d'entrer, il est ce qu'il était dans l'autre, grevé des mêmes hypothèques et des mêmes privilèges au profit des mêmes créanciers.

Leurs droits ayant été sauvegardés, il est naturel qu'ils puissent s'exercer sur le prix de vente; il représente pour eux l'objet vendu.

L'hypothèse prévue par notre loi et l'assimilation qu'elle prétend faire se comprennent moins si on veut se rappeler quelles sont les causes d'extinction des hypothèques et des privilèges. La doctrine et la jurisprudence sont d'accord pour reconnaître que l'énumération de ces causes contenue dans l'art. 2180 est notoirement incomplète; c'est ainsi que la perte de la chose grevée n'y figure point. Il n'en est pas moins certain qu'avec elle, disparaissent les privilèges et les hypothèques qui y étaient attachés : (1) droit de suite et droit de présence se perdent faute d'objet.

---

(1) Voir Dalloz, code civil annoté : art. 2180, Nº 145.

Or, que vient dire le législateur de 1889? Des hypothèques et des privilèges grevaient un bien, ce bien est anéanti par un sinistre quelconque, hypothèques et privilèges, que des tiers pouvaient posséder sont évidemment anéantis du même coup. Néanmoins, je déclare qu'il n'en sera rien, car ce bien était assuré; et sur les indemnités dues par l'assureur, les créanciers hypothécaires et privilégiés se dédommageront suivant leur rang comme sur le prix de vente d'un bien grevé, quoique leurs droits de préférence aient cessé d'exister depuis le jour du sinistre. Cependant, pourrait-on d'abord objecter, « Primum est esse quam esse tali modo... » et puis, les indemnités d'assurances représentent plutôt les primes payées que la chose assurée. Qu'importe, au dire du rapporteur, l'équité exige impérieusement cette solution.

Le législateur ne s'est-il pas exagéré l'injustice de la condition des créanciers avant cette loi dont il attendait les meilleurs effets? c'est ce qu'on verra par la suite; quoiqu'il en soit, il faut reconnaître que cette entorse au droit hypothécaire n'était pas la première, le législateur a pu s'inspirer d'antécédents dont quelques-uns étaient déjà anciens. En effet, une loi du 27 avril 1825 relative à l'indemnité accordée aux émigrés consacre cette dérogation dans son art. 18. Les indemnités dues aux émigrés propriétaires d'immeubles confisqués, sont dévolues de

plein droit et par préférence aux créanciers hypothécaires ou privilégiés.

Le 3 mai 1841 la loi sur l'expropriation pour
cause d'utilité publique adopte le même principe :
les propriétaires d'immeubles expropriés ne touche-
ront leur indemnité, ou du moins ce qu'il en restera,
que lorsque les créanciers en question auront été
désintéressés (art. 18).

Mais voici d'autres précédents plus importants et
plus immédiats. On trouve dans la loi du 28 mai
1858 sur les négociations concernant les marchan-
dises déposées dans les magasins généraux, un
art. 10 ainsi conçu : « les porteurs de récépissés et
» de warrants ont sur les indemnités d'assurances,
» dues en cas de sinistre, les mêmes droits et privi-
» lèges que sur la marchandise assurée. » Citons
encore l'art. 17 de la loi du 10 décembre 1874 sur
l'hypothèque des navires. « En cas de perte ou
» d'innavigabilité du navire, les droits des créan-
» ciers s'exercent sur des choses sauvées ou sur leur
» produit, alors même que les créances ne seraient
» pas encore échues. Ils s'exercent également dans
» l'ordre des inscriptions, sur le produit des assu-
» rances qui auraient été faites par l'emprunteur
» sur le navire hypothéqué... »

Il est vrai que cette disposition n'a pas été reproduite par la loi du 10 juillet 1885; peut-être notre loi

a-t-elle eu pour effet de la faire revivre ? nous
aurons à nous le demander.

A ces dérogations au droit commun, l'art. 2 de
notre loi en ajoute une nouvelle (1).

Y avait-il urgence à le faire ? le danger de la
condition des créanciers hypothécaires et privilégiés
était-il bien réel au cas de perte de l'objet assuré ?
Le législateur ne se trompait-il pas tout au moins
sur son étendue ?

C'est ce que nous révélera l'examen de la situation
faite antérieurement par la loi et la jurisprudence
aux créanciers par rapport aux indemnités d'assurances.

SECTION II

Situation de nos créanciers antérieurement à la loi

Avant la loi de 1889, pour régler le sort des
créanciers hypothécaires ou privilégiés par rapport

---

(1) Ainsi qu'on le verra au chapitre qui leur sera consacré quelques
législations étrangères possèdent des dispositions analogues. Quelques-
unes, comme celle de la Belgique, se sont visiblement inspirées des
antécédents qui existaient dans la législation française.

Mieux que la nôtre, dit-on, leur régime hypothécaire se prêtait à ces
nouveautés d'ailleurs excellentes en elles-mêmes, mais qui ont pu faire
craindre certaines difficultés dans l'état actuel de notre droit.

aux indemnités, la jurisprudence, à défaut de stipulation particulière, ne pouvait que s'inspirer de la nature du contrat d'assurance et de celle de l'indemnité. Il faut convenir que les résultats auxquels elle aboutissait, s'ils étaient logiques dans l'état de la législation, n'en étaient pas moins injustes.

Le contrat d'assurance intervenu entre assureur et assuré est chose étrangère aux créanciers de ce dernier. Voilà un premier point qui était acquis. Puis, partant de ce principe, que l'indemnité n'est pas la représentation de la chose sinistrée, mais la contre-partie des primes due aléatoirement à l'assuré seul, la jurisprudence se refusait à reconnaître à nos créanciers une cause de préférence sur l'indemnité. Celle qu'ils avaient possédée s'était anéantie avec l'objet sinistré auquel elle était attachée. Ils devenaient donc de simples créanciers ordinaires dont la créance était immédiatement exigible, conformément à l'article 2131, mais ils subissaient sur les indemnités distribuées au marc le franc, le concours des autres créanciers chirographaires.

Voici d'ailleurs, comment s'exprimait la Cour de Cassation, dans un arrêt du 28 juin 1831, que nous croyons utile de rapporter. « La Cour : — vu les » art. 2093, 2115 et 2118 du C. civ. — Attendu : » 1° que d'après l'art. 2093 les biens du débiteur » sont le gage commun de ses créanciers et le prix » doit en être distribué entre eux par contribution

» à moins qu'il n'y ait entre les créanciers des causes
» légitimes de préférence ; que, suivant l'art. 2115
» l'hypothèque n'a lieu que dans les cas et les
» formes autorisés par la loi ; — qu'aux termes de
» l'art. 2118 les biens immeubles et leurs acces-
» soires réputés immeubles sont seuls susceptibles
» d'hypolhèques. — Attendu : 2° qu'il n'y a aucune
» loi qui affecte la somme assurée en cas de perte
» de l'immeuble péri par incendie aux créanciers
» qui étaient inscrits sur cet immeuble, par préfé-
» rence aux créanciers chirographaires de l'assuré ;
» — qu'on ne peut induire cette préférence de ce
» que l'hypothèque suivait l'immeuble et en affec-
» tait le prix aux créanciers suivant le rang de
» leurs inscriptions, puisque, d'une part, l'hypo-
» thèque s'est éteinte par la perte de la chose ; que,
» d'une autre, la somme assurée n'est pas un prix
» de vente, mais le produit du contrat d'assurance,
» sans lequel elle ne serait pas due ; que même elle
» n'est pas susceptible d'hypothèque, puisque les
» biens immeubles et leurs accessoires réputés
» immeubles en sont seuls susceptibles , et qu'elle
» n'a reçu de la loi aucun de ces caractères ; —
» qu'on ne peut la faire résulter de ce que, suivant
» l'art. 1303 du C. civ., le débiteur de la chose
» périe, s'il a des droits par rapport à cette chose,
» est tenu de les céder à son créancier, attendu que
» cet art. est étranger aux hypothèques et que la

» somme assurée est due à cause de la prime payée
» par l'assureur, qu'on peut encore moins inférer
» cette préférence de ce que l'acte d'hypothèque
» des immeubles assurés fait mention de l'assu-
» rance, de ce que la cession des droits de l'assuré,
» s'il en résultait une de cette mention, n'aurait
» d'effet, au préjudice des tiers, qu'autant qu'elle
» aurait été signifiée à l'assureur, et que celui-ci
» l'aurait dûment acceptée ; attendu enfin, qu'au
» mépris de ces principes, l'arrêt attaqué (il s'agit
» d'un arrêt de la Cour de Rouen), décide que la
» somme assurée en cas de perte de l'immeuble dont
» il s'agit, appartient aux créanciers qui étaient
» inscrits sur cet immeuble par préférence aux
» créanciers chirographaires de l'assuré, qu'en cela
» il viole formellement les articles du Code civ.
» ci-dessus cités ; — casse, etc.... » (1)

Les principes exprimés dans cet arrêt sont d'ailleurs professés par la plupart des auteurs qui avant
1889 ont traité du contrat d'assurance (2). Avant

---

(1) Voir dans le même sens un arrêt de la Cour de Grenoble du 27 février 1834, DALLOZ, J. G. V°*Assurances terrestres*, p. 349. Et aussi un arrêt de Douai, du 3 janvier 1873. SIREY, 73, 2,274.

(2) Conf. RUBEN DE COUDER. *Dictionnaire de droit commercial.* V° *Assurances terrestres* , N° 220. — BONNEVILLE DE MARSANGY. *Jurisprudence générale des assurances terrestres* ; 2ᵉ partie, p. 20 et 21. — DE LALANDE et COUTURIER. *Traité théorique du contrat d'assurance contre l'incendie*, p. 101 et 102 — Ernest PANNIER. *Attribution des indemnités d'assurances et de quelques autres indemnités.* Paris, 1889, p. 5.

cette époque, on trouvait cependant dans la jurisprudence une décision en sens contraire. L'attribution au profit des créanciers privilégiés ou hypothécaires telle que la comprend notre loi est mise en avant pour la première fois par un arrêt de la Cour de Rouen, du 27 décembre 1828 (1). On vient de voir comment la Cour suprême refusait d'adhérer à cette jurisprudence.

Dans la doctrine on ne peut guère citer que M. Labbé, professeur à la Faculté de Paris, qui ait essayé d'*établir en droit,* que les créanciers privilégiés ou hypothécaires devaient toucher par préférence l'indemnité due par suite de l'assurance de la chose grevée à leur profit.

C'est à propos d'une théorie générale sur l'affectation des créances à titre de gage ou de privilège spécial, développée dans deux très intéressants articles parus dans la *Revue critique* (2), que le savant professeur émet cette opinion ; par ses effets, elle est

______

(3) Voir Bonneville de Marsangy. 1re partie, p. 13 et 14. Un arrêt de la Cour de Colmar, du 25 août 1826. (D. P. 1827 ,2, 122), que l'on cite quelquefois en ce sens, ne nous paraît pas avoir affirmé nettement le principe de la représentation ; il décide que le nu propriétaire en assurant une maison sur laquelle existe un usufruit, n'a pu assurer l'usufruit que pour le compte et dans l'intérêt de celui qui en était titulaire, que par suite l'indemnité d'assurance profite nécessairement à l'usufruitier, mais à la charge toutefois par l'usufruitier, de contribuer au paiement des primes.

(1) *Revue critique,* 1876, p. 683 et suivantes.

très voisine de l'attribution édictée par notre loi,
mais cependant, ne se confond pas avec elle. Qu'on
veuille bien le remarquer, il ne s'agit pas, d'après
cette théorie, de la survivance des droits de préférence de nos créanciers à la chose sinistrée, mais
d'une cause de *préférence nouvelle* résultant d'un
privilège légal portant sur la créance d'indemnité.
M. Labbé, à la recherche des privilèges spéciaux,
ayant pour objet des créances, après avoir essayé
d'établir que le C. civ. en reconnaît formellement,
notamment dans les art. 1753 et 1798, tout en
regrettant qu'il ne les ait pas indiqués « en termes
plus techniques », affirme que par identité ou analogie de situation, il faut en reconnaître d'autres, et,
que d'une façon générale « on a un privilège sur une
créance dont on a fourni à ses dépens les conditions
d'existence ».

Nous avouons ne pas voir très nettement comment
ce principe s'appliquera dans notre cas ; M. Labbé
ne le montre pas ; laissant de côté cette idée, il se
rabat sur des considérations d'équité excellentes,
mais peut-être insuffisantes pour créer de toutes
pièces un privilège ; en pareille matière il faut un
texte, or, on n'en cite point, et pour cause.

M. Laurent (1), sans chercher à échafauder une
théorie, a dit dans le passage suivant : « Il n'y a aucune

____

(1) LAURENT. *Principes de droit civil*, tome 31, N° 409.

raison pour attribuer l'indemnité à la masse chirographaire, tandis qu'il y a de bonnes raisons pour
maintenir le droit de préférence que la loi ou leur
convention leur assurait; régulièrement cette garantie se réalise par la vente de la chose grevée du
privilège ou de l'hypothèque, si celle-ci vient à périr,
il est de toute justice que le droit de préférence subsiste sur l'indemnité. » Mais, comme on le voit,
l'éminent jurisconsulte s'appuie plutôt sur des considérations tirées de l'équité, ce qu'il appelle de
« bonnes raisons » que sur des articles du code ou
des raisons de droit. La jurisprudence, quelque
regret qu'elle ait pu avoir, devait nécessairement se
rallier à ces dernières.

On trouve aussi dans l'étude si remarquable que
MM. Darras et Tarbouriech ont publiée dans les
Annales du droit commercial, sur notre loi, une pro-
testation contre le système de la jurisprudence antérieure à 1889, plutôt qu'une réfutation des arguments résumés dans l'arrêt de la cour de cassation
que nous avons rapporté. Pour eux, ce système,
défendu pourtant par la majorité des auteurs, est non
seulement peu conforme à l'équité, ce que tout le
monde reconnaissait, mais « anti-juridique ». Ce
dernier point est suivi d'une discussion de droit fort
intéressante, mais qui, pensons-nous, contient quelques inexactitudes ; nous nous proposons de l'examiner.

Ils prétendent démontrer deux choses :

1° L'hypothèque, d'après le droit commun, ne s'exerce pas seulement sur des immeubles, mais encore sur des créances ; elle serait illusoire s'il en était autrement. Le code civil le prouverait d'ailleurs, puisqu'il permet aux créanciers hypothécaires de poursuivre le paiement de leur créance sur le prix de vente du bien grevé. Les créanciers hypothécaires peuvent donc se payer sur les indemnités d'assurances de la même façon.

2° La jurisprudence manque de logique, puisqu'elle décide dans un cas (1) que l'indemnité d'assurance est la représentation de l'objet et se refuse à le faire dans l'autre.

Sur ces deux points, nous pensons que ces Messieurs ont fait une application peu heureuse des principes qui régissent la matière. Voici comment ils s'expriment : « La solution proposée (2) nous paraît encore anti-juridique ; l'hypothèque, dit-on, doit porter sur des immeubles ; elle ne peut donc s'exercer sur une créance qui, comme celle de l'indemnité d'assurance, est essentiellement mobilière ; si cet argument était exact, on pourrait dire que le droit de tout créancier hypothécaire est absolument

---

(1) Dans le cas d'assurance d'un immeuble propre de l'un des époux.
(2) Par la jurisprudence.

illusoire, il se réduirait tout au plus à un droit aussi négatif que celui de rétention (3) ; le créancier ne jouirait alors que de la faculté de demander le délaissement au détenteur actuel. Aussi tel n'est point le système du code civil. Le créancier hypothécaire peut se faire payer par préférence sur le prix provenant de la vente de l'objet hypothéqué ; ce point est admis par tout le monde, il ne saurait naître aucun doute à cet égard ; une hypothèque, pour être efficace, doit donc s'exercer sur certaines créances mobilières ; pourquoi l'indemnité d'assurance ne serait-elle pas attribuée, par préférence, au créancier hypothécaire, au même titre que le prix de vente ? Existe-t-il donc une différence de nature entre chacune de ces deux créances ? A en croire nos cours et nos tribunaux, la réponse devrait être affirmative : c'est que, paraît-il, le prix représenterait l'objet vendu, et on comprend parfaitement que le droit du créancier hypothécaire se transporte de la chose sur ce qui en est la représentation. L'indemnité d'assurance, au contraire, serait la contre-

---

(3) On ne saurait assimiler ces deux situations, l'art. 2166 ne le permet pas, le créancier rétenteur ne peut se dessaisir de l'objet à peine de perdre sa sûreté réelle, le créancier hypothécaire, tant que l'objet grevé existe et que tous les 10 ans il renouvelle son inscription, voit son droit réel sauvegardé dans son intégrité, il n'a donc rien à craindre.

partie des primes et non la représentation de l'objet sinistré »

Le point de départ du raisonnement des commentateurs ne nous paraît pas exact en droit : ce n'est point, croyons-nous, parce que l'hypothèque doit pouvoir s'exercer en fait sur une créance, ni parce que le prix de l'objet vendu en est la représentation, que le code et la jurisprudence décident que le créancier hypothécaire pourra se faire rembourser par préférence sur le prix de vente du bien grevé ; ces deux questions sont ici sans intérêt : c'est uniquement parce que la vente a constitué, en quelque sorte, l'acquéreur débiteur des créanciers hypothécaires au lieu et place du vendeur (1). C'est de son plein gré qu'il l'est devenu.

L'immeuble est entré dans son patrimoine et avec lui la dette hypothécaire qu'il faudra acquitter, « les créanciers ayant privilège ou hypothèque sur un immeuble, dit l'art. 2166, le suivent en quelques mains qu'il passe. . » et l'art. 2182 : « ... le vendeur ne transmet à l'acquéreur que la propriété et les droits qu'il avait lui-même sur la chose vendue : il les transmet sous l'affection des mêmes privilèges et hypothèques dont il était chargé. » C'est donc en partie, pourrait-on dire, la chose des créanciers

―――――――――

(1) Débiteur *propter rem* sans doute, mais débiteur.

hypothécaires que l'acquéreur a achetée. Il a vis-à-vis de ces créanciers, en tant que débiteur hypothécaire les mêmes obligations que le vendeur. Il est vrai que la loi dans un intérêt public, pour faciliter la libération des propriétés, donne à l'acquéreur, s'il est diligent, le moyen de payer la dette hypothécaire dans des conditions souvent meilleures que ne l'aurait pu·faire le vendeur lui-même, puisqu'il ne sera jamais tenu que dans les limites du prix s'il accomplit les formalités de la purge (art. 2105 § 3); les créanciers sans doute ne recevront pas toujours un paiement intégral, mais dans une certaine mesure, il y a compensation, puisqu'ils sont le plus souvent remboursés avant l'échéance (1).

La situation du débiteur d'indemnités d'assurances comme celle des créanciers ayant hypothèque sur le bien assuré est toute différente. D'abord, à moins de stipulation particulière, il n'existe aucun rapport de droit entre les créanciers hypothécaires et l'assureur, celui-ci ne connaît que l'assuré et ne peut connaître que lui, aussi bien au moment de la passation du contrat d'assurance qu'à l'époque du paiement de l'indemnité

----

(1) S'ils jugent le remboursement insuffisant, ils ont d'ailleurs le droit de faire remettre en vente l'immeuble hypothéqué : l'art. 2185 indique des conditions mises à l'exercice de ce droit.

devenue exigible par la réalisation du risque. Les
créanciers étant étrangers au contrat, n'ont rien
à voir dans le règlement de ses suites. L'assuré est
toujours leur débiteur après comme avant le sinistre,
leur créance existe bien toujours, mais elle a perdu
la qualité que lui conférait l'hypothèque : il ne peut
plus être question de droit de préférence s'exerçant
sur l'indemnité, puisque l'hypothèque qui aurait
pu le faire naître a été anéantie avec la chose sinistrée ; ils restent donc simplement créanciers chirographaires, leur droit réel qui aurait pu engendrer
une cause de préférence, ayant cessé d'exister faute
d'objet. Cette solution peut paraître froisser l'équité,
mais elle est la seule conforme à la législation. La
survivance, par une sorte de fiction, du droit de
préférence de l'hypothèque, lui permettant de
s'exercer sur l'indemnité, ne pouvait être que le
résultat d'une dérogation formelle aux règles les
plus certaines; le législateur seul, pouvait la décréter,
c'est ce qu'il fit en 1889. On voit que pour arriver
à cette conclusion, il n'est nullement nécessaire de
se demander si l'indemnité est la contre-partie des
primes ou la représentation du bien sinistré. Pour-
suivons l'examen de la discussion de MM. Darras
et Tarbouriech.

« Cette conception, continuent-ils (l'indemnité
est la contre-partie des primes et non la représentation du bien) peut être exacte si on recherche la

nature de l'indemnité en se plaçant au point de vue
de l'assureur, mais il n'en saurait être ainsi si l'on
examine cette même question au regard de l'assuré.
L'assureur doit l'indemnité parce que la chose a été
détruite et dans la mesure où elle a été détruite. Il
ne lui suffit pas, pour y avoir droit, d'avoir payé les
primes, il faut qu'il ait encore un intérêt assurable :
si l'indemnité n'était que la représentation des
primes, comprendrait-on une pareille exigence ? »

Cette argumentation ne nous paraît pas satisfaisante. Que diraient les auteurs du passage que nous
venons de citer, si voulant prouver que l'indemnité
est la représentation des primes, nous raisonnions
de la façon suivante : l'assureur doit l'indemnité
parce que le bien a été détruit, l'assuré a droit à
cette indemnité parce qu'il a payé les primes et dans
la mesure où il les a payées. Il ne lui suffit pas pour
y avoir droit que son bien ait été détruit, il faut
encore qu'il ait payé les primes. Si l'indemnité
n'était que la représentation de l'objet sinistré,
comprendrait-on une pareille exigence ?

Notre preuve serait évidemment insuffisante ou
plutôt elle ne porterait pas, et pourtant, au point
de vue où nous nous sommes placé, elle aurait la
prétention d'être aussi concluante que la précédente
l'était au leur, les propositions ayant été rigoureusement inversées. En réalité, ces raisonnements ne
font que montrer tant bien que mal les éléments du

contrat synallagmatique d'assurance, mais il est impossible d'établir par là que l'indemnité est la représentation de l'objet sinistré plutôt que la représentation des primes. D'ailleurs cette question est encore une fois sans importance pour l'attribution privilégiée des indemnités aux créanciers hypothécaires, toute cause de préférence étant perdue avec l'hypothèque, nous croyons l'avoir montré.

Cependant si nous devions formuler une opinion, elle serait celle-ci : le contrat d'assurance étant sans conteste un contrat d'indemnités, il ne peut en résulter pour l'assuré ou ses ayants droit qu'une créance pure et simple ou des actions personnelles absolument étrangères au bien assuré. Le bien exposé au risque est sans doute la cause du contrat, mais il n'en est pas l'objet. L'objet, c'est le risque encouru par l'assureur, sous certaines conditions, de payer telle somme : l'indemnité, si le sinistre arrive. Les assureurs n'ont accepté d'encourir le risque de payer l'indemnité que moyennant des primes annuelles qu'ils espèrent toucher longtemps. Donc l'objet du contrat, au regard de l'assuré ou de ses créanciers, c'est le droit à l'indemnité éventuelle, c'est-à-dire la garantie contre le risque donnée par l'assureur ; au regard des assureurs c'est l'encaissement des primes. Par conséquent, entre assurés et assureurs, la créance, l'indemnité est corrélative des primes touchées ; en dernière analyse l'indemnité est la contre-partie (1) des primes.

Enfin, MM. Darras et Tarbouriech terminent la réfutation du système jugé par eux anti-juridique, de la façon suivante : « Dans une hypothèse particulière, la jurisprudence contredit d'ailleurs elle-même le principe sur lequel elle prétend pouvoir faire reposer l'opinion que nous critiquons. Un immeuble propre de l'un des époux vient à périr, il était assuré; l'indemnité d'assurance est une créance mobilière : elle devrait donc logiquement, étant donné le point de départ de la jurisprudence, tomber dans la communauté ; nos cours et tribunaux admettent cependant que cette indemnité doit advenir à l'époux sinistré, (arrêt de Bordeaux, 29 mars 1857. D. 58, 2, 61), l'indemnité représente donc alors la chose détruite. Pourquoi ne pas maintenir cette même opinion lorsqu'il s'agit de régler sur l'indemnité d'assurance, les droits respectifs des créanciers privilégiés ou hypothécaires d'une part, des créanciers chirographaires d'autre part. »

---

(1) Et non pas l'équivalent. Au surplus, comme le font remarquer MM. de Lalande et Couturier l'indemnité ne consiste que dans la réparation plus ou moins complète d'un dommage, or, jamais une valeur ayant ce caractère, n'a été considérée par la loi comme devant prendre, *au point de vue juridique*, la place même de la chose détériorée ou détruite. Il n'en est donc pas ici comme d'un droit de retour, d'un remploi de dot aliénée, etc.... toutes hypothèses exceptionnelles que le législateur a prévues et réglementées.

Sans doute, l'indemnité due à la suite d'un sinistre ayant détruit un propre d'un des deux époux, appartient exclusivement à l'époux sinistré. Ici, la jurisprudence, par exception, considère l'indemnité comme la représentation du propre assuré, mais c'est une exception établie uniquement pour régler les droits des époux entre eux, elle n'existe donc qu'à leur égard et s'impose en vertu de ce principe qui domine le régime de la communauté légale à savoir : qu'aucun des trois patrimoines existant sous ce régime, ne peut s'enrichir aux dépens l'un de l'autre. Si l'indemnité, au regard des époux, n'était pas l'équivalent du propre, elle devrait tomber définitivement dans la communauté, comme généralement les valeurs mobilières : il y aurait alors enrichissement de la communauté et du mari au détriment de la femme.

C'est pour satisfaire à ce principe que la jurisprudence et la doctrine (1) admettent sans difficulté cette exception. Elle signifie seulement que la femme qui a fait assurer son bien par l'intermédiaire de son mandataire légal ou par elle-même, si l'assurance est antérieure au mariage, a le droit exclusif d'être indemnisée de la perte qui résulte du sinistre (2). D'ailleurs, il

____

(1) Voir DE LALANDE et COUTURIER. *Op. cit.* N° 390.

(2) D'ailleurs l'indemnité, dont il s'agit, ne rentrant dans aucune des

importe de remarquer que nos commentateurs voulant discuter en droit la nature juridique de l'indemnité d'assurance, se sont placés au point de vue des créanciers privilégiés et hypothécaires, c'est en raisonnant à leur égard qu'ils avaient trouvé anti-juridique la solution de la jurisprudence ; pourquoi abandonnent-ils ce terrain qui est le seul intéressant pour eux, comme pour nous, puisqu'il s'agit de rechercher quelle est l'attribution de l'indemnité par rapport aux créanciers? S'ils s'y étaient maintenus, ils se seraient vite aperçus que la jurisprudence, à ce point de vue, ne s'inflige pas de contradiction dans l'hypothèse particulière d'une indemnité provenant de l'assurance d'un propre des époux. Elle décide en effet, d'accord avec la doctrine, que les tiers, créanciers hypothécaires ou privilégiés, n'ayant pas à se préoccuper d'un principe qui ne concerne que les époux (2), ne peuvent considérer l'indemnité que comme une créance *purement* mobilière ; en conséquence, elle devient le gage commun de tous les créanciers de l'assuré et ne peut être affectée par préférence aux créanciers privilégiés ou

---

dispositions que comprend la section I de la 1re partie du chapitre 2 du titre du contrat de mariage déterminant ce qui constitue l'actif de la communauté, on ne saurait donc l'y faire tomber.

(2) C'est au résumé le principe de l'immutabilité des conventions matrimoniales.

hypothécaires. Ils auraient vu également que si la jurisprudence comme la doctrine s'est refusée à étendre, ainsi qu'ils le demandent, aux créanciers hypothécaires ou privilégiés, l'exception que le principe de l'immutabilité des conventions matrimoniales l'obligeait à subir, c'est qu'elle se buttait à un obstacle insurmontable, à savoir : l'anéantissement avec le bien sinistré de toute cause de préférence, hypothèques et privilèges ne pouvant survivre à l'objet assuré, cause et soutien de leur existence. Voici, en effet, ce qu'on lit à la fin du jugement auquel renvoient MM. Darras et Tarbouriech :

« Attendu que le principe qui paraît aujourd'hui
» consacré par la jurisprudence, que l'indemnité ou
» prix d'assurance d'un immeuble détruit par l'in-
» cendie est essentiellement mobilier, ne contrarie
» en rien la solution ci-dessus (indemnité équivalent
» pour le mari du propre de la femme) qu'il résul-
» terait seulement de cette jurisprudence, que cette
» indemnité propre à la femme n'est pas la repré-
» sentation de la chose perdue à l'égard des tiers
» qui avaient sur cette chose des droits de privilège
» ou d'hypothèque et que, dès lors, elle appartien-
» drait indistinctement à tous les créanciers chiro-
» graphaires et hypothécaires, leur hypothèque
» disparaissant par suite de la destruction de la
» chose, mais qu'il n'en résulte nullement qu'entre

» époux, la femme n'a pas droit à récompense, à
» raison d'une indemnité payée pour prix d'une
» assurance faite par elle-même par l'intermédiaire
» de son mandataire légal, de sa chose propre
» détruite par un incendie, que cette reprise soit
» mobilière ou immobilière. »

Il demeure donc bien prouvé, pensons-nous,
qu'avant 1889, il était juridiquement impossible
de faire survivre à la chose sinistrée les droits
des créanciers privilégiés ou hypothécaires sur cette
chose, par conséquent de leur attribuer, par préférence, l'indemnité d'assurance. Nous reconnaissons volontiers que si nos créanciers, au cas de
sinistre, se trouvaient dépouillés de leur droit
de préférence vis-à-vis des créanciers chirographaires, c'était uniquement par suite d'une lacune
dans votre législation. Cette lacune, outre qu'elle
froissait l'équité, présentait, au point de vue de
l'ordre public, de véritables dangers. Et de fait, elle
pouvait avoir pour effet de rendre les créanciers
chirographaires d'un débiteur insolvable, mais propriétaire d'immeubles hypothéqués, très intéressés
à l'incendie de ces immeubles; dans ces conditions,
on pouvait craindre des spéculations criminelles.
Une réforme était nécessaire, elle n'est venue que
tardivement.

Le législateur belge, dès 1851, pour parer à ce

danger comme pour satisfaire l'équité, édictait l'attribution légale de l'indemnité au profit des créanciers hypothécaires ou privilégiés. L'art. 10 de la loi de 1851 est ainsi conçu « lorsqu'un immeuble, des récoltes ou des effets mobiliers auront été assurés soit contre l'incendie, soit contre tout autre fléau, la somme qui, en cas de sinistre, se trouvera due par l'assureur, devra, si elle n'est pas appliquée par lui à la réparation de l'objet assuré, être affectée au paiement des créances privilégiées ou hypothécaires selon le rang de chacune d'elles. Il en sera de même de toute indemnité qui serait due par des tiers à raison de la perte ou de la détérioration de l'objet grevé de privilège ou d'hypothèque. »

Bien d'autres nations, comme on verra, possédèrent avant nous des dispositions analogues.

Avant 1889, le procédé suivant servait en France à remédier en pratique, du moins dans une certaine mesure, à la lacune législative qui a été signalée. Il était d'usage à peu près universel dans les actes de prêts hypothécaires, comme dans les actes de vente de propriétés immobilières d'exiger de l'emprunteur ou de l'acquéreur, l'engagement de faire assurer les immeubles hypothéqués ou acquis et de transporter l'indemnité éventuelle qui leur serait allouée au cas de sinistre, au créancier hypothécaire ou au vendeur non encore payé du prix. Puis, mais cette seconde pratique était un peu moins fréquente que la première, conformément à l'art. 1690 du C. civ., le transport était signifié par acte d'huissier à l'assureur. Le créancier hypothécaire ou privilégié était alors admis à lui réclamer directement le montant de l'indemnité (1), tout au moins jusqu'à concurrence du chiffre de sa créance, dans le cas où un sinistre venait à détruire le bien grevé, son gage, avant que l'assuré, son débiteur, ne l'ait désintéressé. Ce moyen, à l'aide duquel on parait au danger résultant de ce que l'indemnité d'assurance, n'étant pas, suivant la jurisprudence, la représentation de la chose sinistrée, devenait le gage commun de tous les créanciers de l'assuré, eût été à peu près excellent, s'il avait été toujours employé, et surtout employé à temps. Mais il faut avouer qu'en pratique, on ne lui était pas absolument fidèle. D'abord il arrivait, comme nous l'avons déjà remarqué, que les transports, n'ayant pas été signifiés, restaient lettre morte. L'assureur dans ce cas payait valablement l'indemnité aux mains de l'assuré. Mais il arrivait aussi, le transport ayant été signifié tardivement, qu'un créancier possédant une hypothèque ou un privilège

---

(1) Il fallait encore qu'il fût nanti de la police d'assurance, la notification d'une cession intervenue comme nantissement (et non comme vente) ne dispensant en aucun cas de la remise du titre : Cassation, 11 juin 1846. D. P. 1846, I, 252. De ce chef encore, que de surprises étaient possibles.

sur l'immeuble sinistré, se vît primé par un créancier de même nature inscrit après lui, ou même encore par un simple créancier chirographaire. Pour ce dernier, en effet, il suffisait d'obtenir également le transport d'indemnité et de le signifier le premier à l'assureur. La situation des créanciers privilégiés sur les meubles était plus intéressante encore, car pour eux ces transports éventuels étant à peu près inconnus dans la pratique, ils devaient presque toujours subir le concours des autres créanciers et se contenter d'un paiement au marc le franc.

La loi de 1889 était donc nécessaire. Il est certain qu'elle rendra et qu'elle a déjà rendu des services; mais quelle qu'en soit la portée, elle n'a pu avoir pour effet de changer la nature juridique à attribuer dans le contrat d'assurance aux indemnités; elles ne peuvent, en droit, que rester la contre-partie des primes.

SECTION III

De la nature du droit reconnu aux créanciers privilégiés ou hypothécaires par la loi de 1889.

Ceux qui comme MM. Darras et Tarbouriech, ne veulent pas voir dans notre loi une dérogation aux principes généraux du droit en matière d'assurances et d'hypothèques, devraient décider logiquement

qu'il n'y a pas ici, pour nos créanciers, d'idée nouvelle à mettre en avant, pour qualifier la nature de
leur droit. Leur hypothèque ou leur privilège n'a
pas cessé d'exister, ils l'ont conservé sur l'indemnité
comme ils l'avaient conservé sur le prix de vente de
l'objet grevé, l'indemnité représentant le bien assuré
exactement comme le prix représente le bien vendu.

Il est donc clair que pour eux, la loi n'ayant en
droit innové en aucune façon, la nature du droit en
question, ne peut être que celle du privilège ou de
l'hypothèque, toujours existant et leur procurant
une cause de préférence sur les créanciers chirographaires. Il n'en est rien pourtant, ou du moins
on peut le supposer, à lire l'article de ces auteurs (1).
Ils disent bien que certains jurisconsultes, pour
déterminer la nature du droit reconnu à nos créanciers, et se servant des termes de la loi « sans qu'il
soit besoin d'une délégation expresse » (art. 2), y
ont vu une délégation tacite, que d'autres ont avancé
l'idée d'une subrogation réelle ou d'une subrogation
personnelle, mais, quant à eux, ils se refusent à
prendre parti. Pourquoi? leur réserve peut paraître
manquer de logique.

Pour nous, il convient d'écarter ici l'idée d'une
délégation tacite ; elle se concilierait difficilement

----

(1) Voir les annales du droit commercial, 1889, p. 250.

avec la partie de notre loi relative au paiement. Si cette délégation existait par le fait de l'attribution, elle aurait pour effet de *substituer de plein droit* vis-à-vis de l'assureur, nos créanciers à l'assuré disparaissant, et rendrait impossible l'hypothèse d'un paiement fait de bonne foi aux mains de ce dernier; et cependant la loi le prévoit. Si nos créanciers prenaient la place de l'assuré, comme cela devrait se produire s'il existait une délégation tacite, c'est contre eux que l'assureur devrait diriger toute poursuite à raison de l'inobservation des clauses du contrat ou de son interprétation. Cependant on ne peut nier que malgré l'attribution légale, l'assuré et l'assureur restent les seules parties au contrat, que par rapport aux créanciers, le contrat est *res inter alios acta*. On ne peut nier non plus que les créanciers attributaires ne peuvent exercer leurs droits que sur l'indemnité telle qu'elle aura été loyalement fixée entre l'assureur et l'assuré. En réalité, leur cause de préférence, sur l'indemnité, pensons-nous, ne leur vient pas d'un droit délégué, mais d'un droit qui leur est propre et qui résulte de leur privilège ou de leur hypothèque dont l'existence est fictivement maintenue par la loi ; nous reviendrons dans un instant à cette idée.

Il convient d'écarter aussi, à notre avis, l'idée d'une subrogation réelle, elle est de nature à faire naître une erreur dans l'esprit sur le caractère juridique de l'indemnité d'assurance qui, de l'avis général n'est point la représentation du bien, mais la contre-partie des primes (1).

Il nous semble que l'idée d'une subrogation personnelle serait moins heureuse encore. Quelle serait-elle d'ailleurs ? conventionnelle ou légale ? dans un cas comme dans l'autre, les conditions d'existence exigées par le Code civil dans les art. 1250 et 1251, manqueraient complètement ici.

Pour nous, nous considérons bien la nature du droit de nos créanciers, comme une fiction créée par la loi, mais ne s'exerçant pas sur le même objet que la fiction contenue dans la subrogation. La fiction de notre loi, ne porte pas, croyons-nous, sur l'indemnité se substituant au bien, ni sur le droit de l'assuré se transportant sur la tête des créanciers, mais elle consiste uniquement *dans la survivance* du privilège ou de l'hypothèque au bien sur lequel ils portaient. Elle se limite à cela ; ainsi précisée, elle répond à la pensée prédominante du législateur au moment du vote de la loi, à savoir : faire subsister, au profit des créanciers privilégiés ou hypothécaires, une cause de préférence, sur la masse chirographaire(2).

----

(1) Voir *la Revue critique*, 1876, article de M. Labbé, page 683.

(2) Ce passage extrait du rapport de M. Maunoury nous confirme dans notre opinion : « l'art. II pose le principe que le montant des indemnités dues au cas de sinistres est attribué aux créanciers privi-

Les fictions légales étant de droit étroit, nous en déduirons donc que l'attribution légale créée par notre loi ne peut être appliquée que dans les hypothèses expressément prévues par elle. Cette conclusion est à retenir et nous en ferons application par la suite.

D'autre part, l'indemnité d'assurance, les travaux préparatoires en témoignent, devant être assimilée suivant l'intention du législateur, autant que cela peut être nécessaire, au prix de vente d'un bien grevé, nous en conclurons que le droit fictif de nos créanciers ne pourra être reconnu sur l'indemnité que dans le cas où les créanciers hypothécaires ou privilégiés auraient pu être utilement colloqués sur le prix de vente du bien, à supposer que le bien grevé ait été vendu au moment du sinistre.

---

légiés ou hypothécaires suivant leur rang. Ces indemnités seront considérées comme la représentation de l'objet, au même titre que le prix de vente de cet objet. *Il est possible que cette disposition soit contraire aux principes absolus du droit, car elle fait survivre le droit réel de privilège ou d'hypothèque à l'existence de l'objet sur lequel ce droit réel est constitué, mais il est certain qu'elle est conforme à l'équité.* »

SECTION IV

Pourrait-on convenir d'une dérogation à l'attri bution légale édictée par l'article II?

Entre créanciers privilégiés ou hypothécaires, après le sinistre, alors que le droit à l'indemnité est ouvert, la convention par laquelle ils décideraient de déroger à l'ordre légal de l'attribution au profit de l'un d'eux ou même d'un tiers, serait certainement valable, à supposer cependant que tous consentent à cette dérogation, (du moins tous ceux à qui elle pourrait nuire, l'avis de ceux qui ne devraient en éprouver aucun préjudice important peu). Il est entendu d'ailleurs que chaque intéressé est capable de disposer de son privilège ou de son hypothèque.

Pourraient-ils, avant la réalisation du sinistre, faire entre eux pareille convention ? oui, croyons-nous, mais avec les mêmes restrictions.

Et *l'assuré*, serait-il admis dans le contrat même d'assurance à déclarer qu'il entend déroger en cas de sinistre à l'attribution légale ?

Si la dérogation se réfère au droit des créanciers hypothécaires ou privilégiés déjà existant au moment de l'assurance et souscrivant à la dérogation, rien ne paraît devoir s'y opposer. Mais pour les créanciers connus ou inconnus à l'époque du contrat, qui n'ont pas adhéré à cette dérogation et qui prouveraient le préjudice en résultant pour eux, elle devrait être réputée inexistante.

Quant à la convention par laquelle l'assuré, dans le contrat, stipulerait une dérogation à l'attribution par rapport à ses créanciers à venir ou à ses créanciers sans autre mention, déclarant, par exemple, que l'assurance sera régie dans toutes ses conséquences par la législation antérieure à notre loi, pareille convention, pensons-nous, serait illicite et considérée comme non avenue.

Il y a de plus une considération d'ordre public à faire valoir ici : le législateur ayant établi par notre art. II, un ordre d'attribution qu'il juge le plus conforme aux différents intérêts liés à la conservation de la chose, cet ordre ne peut être interverti du fait seul de l'assuré et de l'assureur. Les délégations d'indemnité au profit de l'un des créanciers hypothécaires ou privilégiés, si usitées avant 1889, ne pourront donc plus être valablement consenties, qu'autant qu'elles auront été dûment agréées par tous les créanciers légalement attributaires. C'est là, il faut le reconnaître, une condition très difficilement réalisable.

Il reste une remarque importante à faire : la loi de 1889 n'ayant point parlé des créanciers chiro-

graphaires et de leur droit possible sur l'indemnité,
il faut décider qu'une délégation conventionnelle
peut intervenir, aujourd'hui comme avant, au profit
de l'un d'eux et au préjudice de la masse ; mais elle
devra, bien entendu avoir été régulièrement signifiée
à l'assureur, avant toute opposition de la part des
autres créanciers chirographaires.

SECTION V

Quelles sont les indemnités soumises à l'application de l'article II ?

Les indemnités dont il est question dans notre
article, pour être soumises au principe nouveau, à
l'attribution légale, doivent présenter des caractères
que la loi a pris soin d'indiquer :

1.º Ces indemnités doivent être exclusivement le
produit d'une *assurance* ;

2.º Cette assurance doit porter directement sur
une *chose* grevée de privilèges ou d'hypothèques ;

3.º Cette assurance doit avoir été faite contre un
fléau ou un accident quelconque.

SECTION VI

Les indemnités doivent être exclusivement le produit d'une assurance.

Il est sans doute regrettable, au point de vue de l'équité, que la formule employée par l'art. II soit si précise. Le principe qu'elle pose est absolu : il faut que l'indemnité soit due par suite d'assurance. Dans l'intérêt des créanciers privilégiés ou hypothécaires dont on voulait avant tout sauvegarder les droits menacés d'un anéantissement dû au hasard ou à la malveillance, il eût été préférable de se servir de termes plus larges. En effet, étant donné le point de vue auquel on s'était placé, il y avait autant de raison de déclarer la survivance du droit réel de nos créanciers sur les indemnités dues par qui que ce fût, à raison de la détérioration ou de la destruction de la chose grevée, que sur les indemnités dues pour les mêmes causes par des assureurs. Nous avons vu que la loi Belge de 1851 n'était pas tombée dans ce défaut.

L'art. III, § 1, assimile, il est vrai, aux indemnités d'assurances, certaines autres indemnités, mais le soin que le législateur a pris d'énoncer les deux hypothèses spéciales où il y aurait lieu d'appliquer l'attribution légale édictée dans l'art. II, nous oblige à nous en tenir exclusivement aux termes de la loi. N'oublions pas, d'ailleurs, que tout dans notre loi est dérogation au droit commun, en particulier au droit hypothécaire ; par conséquent, que l'interprétation restrictive se commande ici d'elle-même. L'indemnité doit donc provenir d'une assurance ; mais par qui cette assurance a-t-elle dû être contractée et alimentée ?

On peut faire une première remarque. Notre art. II ne distinguant en aucune manière entre les personnes qui ont pu contracter l'assurance ou la continuer, il semble donc, pour qu'il y ait lieu à attribution au profit des créanciers hypothécaires ou privilégiés, qu'il soit suffisant que le droit à l'indemnité d'assurance soit ouvert, c'est-à-dire qu'il y ait eu détérioration ou destruction par sinistre de la chose grevée. Ce n'est cependant pas complètement vrai, et il peut être utile d'examiner les principales hypothèses qui peuvent se présenter.

PREMIÈRE HYPOTHÈSE.—*L'assurance a été contractée par le propriétaire de la chose grevée de son chef de privilège ou d'hypothèque.*

Nul doute qu'il y ait lieu à l'attribution légale de l'indemnité au profit des créanciers ; peu importe d'ailleurs que les hypothèques consenties par le propriétaire, l'aient été en garantie de sa dette personnelle ou de celle d'un tiers. Il ne peut y avoir aucune difficulté, le risque s'étant réalisé et le droit à l'indemnité étant né, alors que le bien grevé était encore la propriété de celui qui avait contracté l'assurance.

Deuxième hypothèse.—*L'assurance a été contractée ou continuée par le tiers acquéreur, et la chose assurée n'est grevée de privilège ou d'hypothèque que du chef du précédent propriétaire.*

Il faut convenir que cette hypothèse est toute théorique. L'acquéreur ayant la faculté de purger le bien acquis et usant très généralement de cette faculté, il n'y aura pas, au cas de réalisation du risque, à s'occuper de l'attribution légale sinon en ce qui concerne les créanciers privilégiés ou hypothécaires dont il est personnellement le débiteur.

Supposons cependant, que n'ayant pas usé de la faculté de purger et les créanciers, de leur côté, n'ayant fait aucune opposition, il a pris l'assurance à son nom ; ou bien il n'en existait pas et il en a contracté une. Le risque s'est réalisé : *Quid* du droit des créanciers hypothécaires ou privilégiés sur l'indemnité ? Sans doute, le propriétaire actuel n'est leur débiteur que *propter rem*, mais il n'en est pas moins leur véritable débiteur. N'ayant pas purgé, et étant tenu de toute la dette hypothécaire, il ne doit y avoir aucune différence entre sa situation et celle de son auteur, et son cas rentre dans le précédent; il se trouve, en effet, dans la situation d'un propriétaire qui a affecté son bien en garantie de la dette d'un tiers, le tiers étant ici le précédent propriétaire. Il faut supposer, bien entendu, que la dette hypothécaire n'est pas encore exigible ou que les créanciers n'ont exercé aucune poursuite. L'indemnité sera donc, conformément à l'art. II, attribuée à nos créanciers suivant leur rang. Y a-t-il lieu, toutefois, d'apporter un tempérament à cette théorie en disant: le tiers détenteur n'est pas formellement obligé vis-à-vis des créanciers privilégiés ou hypothécaires de son auteur; les primes qu'il a déboursées ont tourné au profit de ceux-ci; pourquoi n'en réclamerait-il pas, à ces mêmes créanciers, la restitution à valoir sur le montant de l'indemnité? Nous répondons à ceux qui posent cette question, notamment à MM. Darras et Tarbouriech, l'acquéreur avait la facilité de libérer son bien par la purge, il n'en a pas usé, tant pis pour lui; la loi de 1889 s'est placée uniquement au point de vue des créanciers privilégiés ou hypothécaires et les fait bénéficier de l'indemnité, sans distinguer entre les personnes, qui tenues de la dette à un titre quelconque, ont contracté l'assurance.

Troisième hypothèse. — *L'assurance a été contractée par un des créanciers privilégiés ou hypothé-*

caires, l'objet grevé n'ayant pas été assuré par le propriétaire.

Il est incontestable que le contrat passé dans ces conditions par l'un ou l'autre de ces créanciers est valable, puisque tous, courant un risque, ont un intérêt assurable. Mais, quel que soit le rang du créancier, auteur de l'assurance, l'art. II de notre loi, pensons-nous, ne doit recevoir ici aucune application. Il ne saurait être question, en effet, d'attribuer l'indemnité (1) aux créanciers privilégiés ou hypothécaires supérieurs en rang, au détriment du créancier, auteur de l'assurance, aucun lien de droit n'existant entre lui et eux : d'une part, en contractant l'assurance, il n'a été ni leur gérant d'affaires, ni leur mandataire, d'autre part, il n'est

---

(1) L'indemnité, dans ce cas, sera fixée au montant de la somme que le créancier, auteur de l'assurance, venant en ordre utile, aurait pu obtenir, si l'objet assuré avait été vendu au moment du sinistre. Ce mode de calcul de l'indemnité est le seul qui soit compatible avec ce principe que l'assurance ne peut pas être une source d'enrichissement pour l'assuré (Voir *Le Moniteur des Assurances*, tom. 21, p. 488). Il est d'ailleurs parfaitement conforme à la justice : si notre créancier peut perdre quelque chose dans le sinistre du bien grevé, ce ne peut être qu'une valeur hypothécaire égale à l'indemnité fixée de la façon que nous avons dite, son risque se limite à cela. Il reste son propre assureur pour tout ce que dépasserait cette valeur. Les créanciers qui lui sont préférables ne sont nullement en droit de se plaindre puisque le débiteur, le propriétaire, n'a profité en aucune façon de l'indemnité afférente au créancier assuré qui, par sa prévoyance a évité de perdre le bénéfice de son hypothèque. Rien ne les empêchait d'agir comme lui, que ne l'ont-ils fait.

point leur débiteur, ni personnellement, ni *propter rem*.

Il nous paraît certain que la loi n'a entendu attribuer l'indemnité aux créanciers privilégiés ou hypothécaires que dans le cas où cette indemnité survenait directement ou indirectement au propriétaire du bien grevé. Lui seul est débiteur et seul il doit subir les effets des hypothèques ou des privilèges que la loi de 1889 a fait survivre par l'attribution légale sur l'indemnité. Mais, dira-t-on, si l'indemnité ne vient pas directement au propriétaire dans notre cas, elle tourne à son profit (1), dès lors, il est juste que les créanciers hypothécaires ou privilégiés, depuis la loi de 1889, soient attribués sur la somme représentant ce profit. En effet, le paiement effectué par l'assureur, entre les mains du créancier assuré, enlève à celui-ci le droit de réclamer paiement au propriétaire grevé (2), si non, l'assurance pourrait être une source de profit pour l'asssuré. La situation du propriétaire débiteur s'est donc améliorée. C'est là raisonner faussement, répondrons-nous, et personne, sauf l'assuré, ne peut

---

(1) MM. DARRAS et TARBOURIECH paraissent soutenir une opinion de ce genre (*op. cit.*, p. 257 et 258), suivant laquelle le propriétaire voit nécessairement tourner à son profit l'assurance contractée par l'un des créanciers.

(2) A moins que le paiement de l'assurance soit inférieur à sa créance.

bénéficier d'une façon quelconque de l'assurance. En vertu du contrat, l'assureur prendra la place de l'assuré, après le paiement il notifiera au débiteur, le propriétaire, la cession de droit qui lui a été faite. Sans doute le bien grevé ayant été détruit, privilèges et hypothèques ont disparu et le débiteur propriétaire sinistré n'est plus en présence que de créanciers chirographaires parmi lesquels l'assureur du créancier, qui avait pris la précaution de garantir son droit réel contre le sinistre, mais sa dette générale n'a nullement diminué. Il est donc inexact de dire que l'assurance a tourné à son profit ou que d'une façon quelconque sa situation se soit améliorée.

L'arrêt (1) sur lequel on prétend s'appuyer, ne semble pas d'ailleurs conforme à cette idée. Il prouve simplement qu'un créancier hypothécaire ayant fait par le même acte et en bloc une assurance pour une somme de 5.000 fr., cette assurance dans l'espèce comprenant en réalité : 1º une assurance pour le compte du propriétaire grevé, son débiteur dans la forme d'une gestion d'affaire, et 2º une assurance pure et simple pour lui-même, sans que l'assureur soit averti de cette particularité, le propriétaire peut prétendre être payé de l'indemnité afférente à

------

(1) Req. rejet. 29 décembre 1824. — DEVIL. Nouv., tome III, I, 605.

l'assurance pour compte. Mais pourquoi? parce que dans l'espèce, la gestion d'affaire était prouvée par la production de quittances passées entre le créancier et le propriétaire débiteur, attestant la participation entre eux, à l'insu de l'assureur, au paiement des primes. Mais l'arrêt ne dit pas, et cela se comprend, que le propriétaire débiteur puisse tirer profit de l'assurance pure et simple contractée par le créancier contre le risque de son droit hypothécaire. Cela est si vrai que l'indemnité correspondante à cette assurance, aux termes mêmes de l'arrêt, devait revenir au créancier en son entier, soit 1.500 fr., montant exact de son hypothèque, le propriétaire débiteur ne pouvant exercer son droit, bien contestable d'ailleurs au regard de l'assureur, quoi qu'en ait dit la cour suprême, que sur les 3.500 fr., montant de l'indemnité de l'assurance résultant de la gestion d'affaires.

Il n'y a donc aucun argument sérieux à tirer de cet arrêt en faveur de l'opinion émise ci-dessus.

QUATRIÈME HYPOTHÈSE. — *L'assurance a été contractée par un simple créancier.*

En droit, cette assurance est parfaitement valable, mais en pratique elle est absolument inconnue, à cause des difficultés qu'il y aurait à établir le *quantum* de l'indemnité. Toutefois, à la supposer déterminée, il n'y aurait point lieu à l'attribution légales, car les raisons que nous avons développées dans l'hypothèse précédente trouveraient ici leur entière application.

CINQUIÈME HYPOTHÈSE. — *Une assurance a été contractée par le propriétaire de la chose grevée et une autre par l'un des créanciers privilégiés ou hypothécaires.*

En cas de sinistre, le créancier, auteur de l'assurance, sera indemnisé selon le mode que nous avons indiqué et l'assureur exercera à sa place, en vertu d'une clause de subrogation usuelle dans les polices, le bénéfice de l'attribution légale sur l'indemnité résultant de l'assurance directe de la chose par le propriétaire avec les autres créanciers privilégiés ou hypothécaires.

SIXIÈME HYPOTHÈSE. — *De l'assurance pour le compte d'autrui.*

L'assurance a pu être contractée par un tiers, soit pour le compte du propriétaire débiteur ou du tiers détenteur, soit pour le compte d'un des créanciers, et cela sous différentes formes: par exemple, dans les limites d'un mandat (art. 1984), d'une gestion d'affaires (art. 1372), ou accessoirement à une stipulation que le contractant fait pour lui-même (art. 1121). L'art. II ne recevra son application que dans le cas où le tiers aura contracté l'assurance pour le compte du propriétaire grevé ou du tiers détenteur.

Septième hypothèse. — *Des assurances d'usufruit et de nue propriété.*

Usufruit et nue propriété pouvant être assurés et étant susceptibles de privilège et d'hypothèque, il peut y avoir lieu d'appliquer l'attribution légale de notre loi aux créanciers respectifs de l'usufruitier et du nu propriétaire.

1° Les assurances sont distinctes et postérieures à la constitution de l'usufruit, l'attribution légale s'appliquera sans difficulté à l'indemnité afférente à chacune d'elles.

Question : L'usufruitier peut-il, en s'assurant pour une somme supérieure à la valeur de son usufruit au moment du sinistre, faire profiter le nu propriétaire et par voie de conséquence ses créanciers de l'excédent d'indemnité ne correspondant plus à la valeur de son risque personnel ? Non en principe, à moins qu'il n'ait passé, dans la mesure de cet excédent possible, une assurance pour le compte du nu propriétaire.

L'assurance contractée par le nu propriétaire dans les mêmes conditions ne profiterait pas davantage, croyons-nous, à l'usufruitier et à ses créanciers.

2° L'assurance a été contractée antérieurement à la constitution d'usufruit.

Les indemnités ne pourraient être attribuées aux créanciers hypothécaires ou privilégiés de l'usufruitier et du nu propriétaire qu'autant que l'assurance serait demeurée valable à leur égard. Ce qui revient à se demander dans quels cas l'assurance contractée par l'auteur de l'usufruitier et du nu propriétaire échappe à leur égard à une déchéance possible.

Cette question est assez complexe et exige de nombreuses distinctions.

La police d'assurance contient-elle une clause à l'égard des mutations de propriété ?

Nos intéressés tiennent-ils leurs droits d'un acte entre vifs ? d'un testament ? d'une succession *ab intestat* (1) ?

Viennent-ils à titre particulier ou à titre universel ?

L'examen de ces distinctions dépasserait évidemment le cadre de cette courte étude (2) ; encore peut-il y avoir utilité à les signaler au passage.

Notons cependant pour le cas de succession, la solution la plus importante : en principe, seuls les

---

(1) Il ne peut s'agir ici, bien entendu, que du nu propriétaire.

(2) L'exposé et la solution que comportent toutes ces distinctions sont donnés très complètement dans le *Traité théorique et pratique du contrat d'assurance contre l'incendie,* par de LALANDE et COUTURIER. Voir Nᵒ 399 et suivants.

bénéficiaires qui *continuent la personne du défunt*
verront l'assurance maintenue à leur égard. Par
conséquent, leurs créanciers hypothécaires ou privilégiés pourront profiter des indemnités dues au cas
de sinistre, en vertu de l'attribution de notre loi.

SECTION VII

**Les indemnités doivent provenir d'une assurance de
chose susceptible de privilège ou d'hypothèque.**

L'attribution légale de l'indemnité, aux termes
de l'art. II, ne doit se produire qu'au profit de créanciers possédant un privilège ou une hypothèque, il
faut donc, de toute nécessité, que l'objet assuré puisse
en être grevé. Il n'y a pas lieu de distinguer entre
la nature mobilière ou immobilière du bien assuré (1),
la loi ne faisant elle-même aucune distinction à cet
égard. L'innovation réalisée en 1889 par le législateur étant, comme on le sait, de faire survivre les
hypothèques et les privilèges à l'objet sur lequel ils
portaient au moment du sinistre, nous en conclurons
donc que l'attribution privilégiée ne peut se conce-

____

(1) Pas plus qu'il n'y a lieu de distinguer entre les privilèges généraux
ou spéciaux, entre les hypothèques légales, conventionnelles ou
judiciaires.

voir à l'occasion d'indemnités résultant d'assurances sur la vie humaine, celle-ci n'étant susceptible d'aucun droit privatif. Pour les mêmes raisons, croyons nous, on doit exclure toute idée d'attribution sur les indemnités résultant d'assurances contre les accidents (1). On décide même en général, dans cette hypothèse, que le produit de l'assurance, contrairement à ce qui se passe ordinairement, ne devient pas le gage général de la masse chirographaire, au sens où l'entendent les art. 2092 et 2093. Cette solution se justifie par un motif d'humanité qui saute aux yeux. Au résumé, notre loi ne s'applique qu'aux *assurances de choses*, il faut ici, de toute nécessité un intermédiaire entre l'assureur et l'assuré, entre l'indemnité et les primes, cet intermédiaire, c'est la chose frappée de privilèges ou d'hypothèques.

SECTION VIII

L'assurance doit avoir été contractée contre un fléau ou un accident quelconque.

L'art. II se sert ici de termes extrêmement larges. La formule qu'il emploie : « les indemnités dues par

____

(1) Il existe des assurances-indemnités contre les accidents du travail, par exemple, en Allemagne ; mais en France, elles sont presque dans la pratique.

suite d'assurances contre l'incendie, contre la grêle, contre la mortalité des bestiaux », ne constitue pas une énumération limitative. Elle n'a d'autre signification que celle d'exemples choisis pour faire comprendre qu'il s'agit ici d'assurances *de chose* contre un sinistre ou un accident quel qu'il soit, puisqu'aussitôt suivent les mots « *ou les autres risques.* » En présence d'une disposition d'une telle généralité, il nous paraît indiscutable que les créanciers privilégiés ou hypothécaires peuvent réclamer, suivant leur rang et par préférence, l'attribution des indemnités dues pour toutes les assurances-indemnités (1), sauf les deux exceptions indiquées à la section **précédente**.

Notre loi s'appliquera donc aux assurances maritimes et fluviales, comme aux assurances agricoles et urbaines, aux assurances contre les accidents de chevaux, de voitures, contre les explosions, le vol, le bris de glaces, la foudre, etc., etc. On l'a pourtant contesté ; certains auteurs se refusent à admettre son application aux assurances maritimes. Les partisans de cette opinion mettent d'abord en avant le brocard bien connu : « *generalia non specialibus derogant* » (2), ils le croient suffisant pour la jus-

____

(1) Les assurances-indemnités par opposition aux assurances-responsabilités.

(2) Les auteurs ne sont pas d'accord sur sa formule exacte. certains disent : *legi speciali per principalem non derogatur.*

tifier. La loi de 1885 n'a pu être abrogée par la loi
de 1889, la première est spéciale au droit maritime,
la seconde est générale, elle règle l'attribution des
indemnités d'assurances. Mais, comme le font
remarquer MM. Darras et Tarbouriech, il est bien
difficile de dire, quelle est ici la loi spéciale et quelle
est la loi générale, si on compare entre elles la loi
de 1885 qui organise l'hypothèque des navires et
notre loi de 1889 qui ne règle la situation des créanciers privilégiés et hypothécaires, qu'au seul point
de vue de l'attribution de certaines indemnités. Un
autre argument dont on se sert, consiste à dire :
l'attribution légale des indemnités d'assurances
maritimes au profit des créanciers hypothécaires
avait été déjà établie par l'art. 17 de la loi du
10 décembre 1874 sur l'hypothèque des navires.
L'innovation produisit des résultats déplorables (1) ;
sa suppression ayant été demandée avec la plus vive
insistance dans le monde du commerce maritime, la
loi du 11 juillet 1885 qui a modifié et remplacé la
loi de 1874 se garda bien d'édicter une pareille
disposition. Ce silence de la loi de 1885 est signifi-
catif. La loi de 1889 n'a pas pu rétablir ce que le
législateur de 1885 avait abrogé en connaissance de

-----

(1) Voir « *Journal de l'assureur et de l'assuré* », année 1889, p. 152
et 153.

cause. D'ailleurs, fait à noter, une discussion quelconque, ayant trait aux assurances maritimes, ne pourrait être retrouvée dans les travaux préparatoires de la loi de 1889, rien donc n'autorise l'extension qu'on en veut faire. A cet argument on répond : sans doute l'application de la loi de 1874 avait donné lieu à des difficultés telles, qu'en fait, les assurances pour les navires hypothéqués, étaient devenues impraticables, et la loi de 1885 fit bien de supprimer l'attribution ; mais c'est une erreur, croyons-nous, de penser que la loi de 1889, dans son art. II, soit revenue complètement à l'état de choses créé par la loi de 1884, et que son application puisse donner lieu aux mêmes inconvénients. On sait que toutes les difficultés de la loi de 1874 venaient de ce que, à l'égard de l'assureur, l'inscription de l'hypothèque valait opposition au paiement de l'indemnité. Il en résultait qu'aucune indemnité d'assurances ne pouvait être payée avec sécurité sans une vérification préalable de la situation hypothécaire de l'assuré. Il y avait là une formalité gênante et préjudiciable à l'assuré, puisqu'elle amenait des retards dans le recouvrement de l'indemnité, retards incompatibles avec les nécessités du commerce maritime qui exige, par sa nature même, une grande rapidité dans ses opérations. La loi de 1889 n'édictant rien de semblable et décidant, d'autre part, que les paiements faits de bonne foi par l'assureur sont valables, toute difficulté se trouve supprimée et toute cause de retard dans le paiement, évitée. Il n'y a donc aucune raison sérieuse pour ne pas faire application de notre loi aux assurances maritimes. On ne peut pas dire non plus que celles-ci, au cours des travaux préparatoires, aient complètement échappé aux préoccupations du législateur : « la loi nouvelle , disait M. Labiche, rapporteur au Sénat, dans la séance du 6 mars, recevra son application, non seulement lorsque l'assurance sera faite par une compagnie, mais encore par un particulier isolé », et il ajoutait : « cela a lieu notamment pour les assurances maritimes. » On peut donc conclure des paroles mêmes du rapporteur que cette formule si générale, contenue dans l'art. II : « ou les autres risques » est compréhensive du risque maritime. C'est, d'ailleurs, l'avis des auteurs de traités de droit maritime parus depuis notre loi. Nous citerons, en particulier, M. Daniel Danjon (1) et M. Laurin.

Remarquons, en terminant, que l'attribution telle que la comprend notre loi nouvelle est plus large que celle qui existait sous l'empire de la loi de 1874. Celle-ci, en effet, n'attribuait par préférence les indemnités qu'aux seuls créanciers hypothécaires,

---

(1) DANJON. *Éléments de droit maritime commercial*, Paris, 1893, p. 518. — LAURIN. *Précis de droit maritime*. Paris, 1893, p. 52, 53 et 54.

négligeant les créanciers privilégiés ; elle n'autorisait l'attribution que pour les indemnités d'assurances dues au cas de perte ou d'innavigabilité du navire, elle omettait le cas de simples avaries ; enfin, l'attribution n'avait point lieu pour les assurances sur facultés. La loi de 1889 ne pose aucune de ces restrictions qui, si justement, attiraient la critique.

CHAPITRE II

DES INDEMNITÉS DE L'ARTICLE III § I

« Il en est de même des indemnités dues en cas
» de sinistre par le locataire ou par le voisin par
» application des art. 1733 et 1382 du c. civ. »

La disposition qu'on vient de lire, devrait logiquement se placer immédiatement après le § 1 de l'article 2 ; le paragraphe 2 qui a pour objet le paiement fait de bonne foi, s'appliquant aussi bien aux indemnités résultant d'une action dirigée contre le locataire ou le voisin responsable du sinistre, qu'aux indemnités provenant d'assurances. Ces deux genres d'indemnités, aux termes de la loi, sont traités de la même manière, quant à l'attribution au profit des créanciers privilégiés ou hypothécaires; pourquoi ne les avoir pas réunis dans un même article, après lequel serait venu tout naturellement le texte qui vise les payements faits de bonne foi ? Rien ne s'y opposait et l'ordre y aurait gagné.

C'est à M. Lacombe, membre de la commission du Sénat, que l'on est redevable de l'assimilation parfaitement juste que la loi fait des deux sortes d'indemnités indiquées. Voici en quels termes il s'exprimait dans la séance du 6 mars 1888 (1) :

« Si l'immeuble est assuré, on trouve juste que
» l'indemnité soit dévolue aux créanciers privilé-
» giés ou hypothécaires, mais si l'immeuble assuré
» est entre les mains d'un locataire responsable de
» l'incendie, l'indemnité qui est due par ce locataire
» a évidemment le même caractère vis-à-vis du pro-
» priétaire et de ses créanciers que celle que devait
» la compagnie d'assurances. Si donc l'une de ces
» indemnités doit être distribuée entre créanciers
» privilégiés ou hypothécaires suivant leur rang, au
» lieu de grossir la masse chirographaire, on ne voit
» pas pourquoi il ne serait pas de même de l'autre. »

En effet la somme que devra payer le locataire ou le voisin responsable de l'incendie est avant tout *une indemnité*, à ce titre elle a la même signification que l'argent versé par une compagnie au cas d'assurance du bien sinistré. Dans les deux hypothèses, il s'agit toujours d'une indemnité payée à l'occasion de la destruction d'un bien, *gage spécial* de certains créan-

____

(1) V. *Journal officiel*, Déb. parl. Sénat, 1888, p. 254.

ciers, et la destination normale de cette indemnité est de servir à réparer le préjudice causé. Dira-t-on que nos créanciers ne subissent pas véritablement ce préjudice, que le propriétaire seul est atteint? Évidemment non, puisqu'ils ont perdu leur gage. Qu'on les laisse donc profiter de l'indemnité par préférence aux autres créanciers du sinistré.

Cette solution n'était cependant pas admise avant 1889.

Contrairement à l'idée si équitable, que les causes de préférence de nos créanciers doivent subsister sur l'indemnité payée à l'occasion d'une perte qu'ils subissent pour leur part, dans l'état de la législation, on devait décider à regret, mais conformément à la loi, que leur cause de préférence ayant disparu par suite du sinistre, il était impossible qu'elle s'exerçât sur l'indemnité payée après l'incendie; que celle-ci, par conséquent, comme l'indemnité d'assurance et pour le même motif, après être tombée dans le patrimoine du sinistré, devenait le gage commun de tous ses créanciers. L'art. III, § 1, est donc destiné à combler une véritable lacune dans notre législation ; on peut regretter néanmoins que la loi ait restreint l'application de l'attribution qu'elle édictait à deux hypothèses particulières que nous allons maintenant étudier.

SECTION I

Quelle est la portée exacte du § 1 de l'art. III?

C'est en renvoyant à l'art. 1733 pour le locataire, et à l'art. 1382 pour le voisin, que notre article décide d'appliquer le principe nouveau de l'attribution légale au profit des créanciers privilégiés ou hypothécaires du propriétaire de la maison sinistrée.

Quelle situation prévoient donc ces deux articles?

Aux termes de l'art. 1733, le locataire d'une maison répond de l'incendie à moins qu'il ne prouve qu'il est arrivé par force majeure, par cas fortuit, par un vice de construction, ou que le feu a été communiqué par une maison voisine. Une présomption de faute pèse sur lui; elle peut tomber, mais les moyens de justification qu'il sera admis à faire valoir sont limitativement énoncés par l'article. Il ne lui suffit donc pas de démontrer qu'il n'est pas fautif, mais il faut en outre qu'il prouve que l'incendie est dû à l'un ou l'autre des événements énumérés ci-dessus.

Notre loi renvoyant à l'art. 1733 du C. civ., pour régler le cas des indemnités dues par le locataire, on pourrait croire que le principe de l'attribution légale ne devra être appliqué pour le locataire que dans le cas d'incendie ; ce serait là une interprétation dont la rigueur ne s'expliquerait pas. Si l'art. 1733 ne vise que l'hypothèse d'un incendie, nous pensons cependant qu'il faut faire application des règles qu'il pose pour les autres risques au. sens où l'entend notre loi et auxquels le locataire peut être exposé et qui peuvent se réaliser par sa faute. Qu'il s'agisse d'explosion, d'écroulement, etc... ou d'incendie, la situation doit être la même.

D'autre part, en vertu de l'art. 1382, qui établit les principes généraux en matière de responsabilité, tout voisin est responsable de l'incendie ou d'une façon générale du sinistre, qui, après avoir pris naissance dans sa maison, s'est communiqué à la maison adjacente ; mais sa faute, à la différence du locataire, ne se présume pas : au voisin demandeur en indemnité incombe la charge de la prouver.

Dans l'une ou l'autre hypothèse (1733 ou 1382), la maison sinistrée est peut-être affectée à la sûreté d'une obligation. Le § 1 de notre loi, dans cette situation, décide que les indemnités dues par le locataire ou le voisin, sont le gage des créanciers ayant privilège ou hypothèque sur cette maison. C'est l'extension, par analogie, de l'attribution de l'art. II à des indemnités ne provenant pas d'assurances. Il convient de préciser les limites de cette extension. Elle n'existe que pour les indemnités dues par un locataire ou un voisin. Le caractère

limitatif du § 1 de l'art. III, quelque regrettable
qu'il soit, est évident : on ne saurait admettre que
le cas du locataire et celui du voisin ne figurent dans
la loi qu'à titre d'exemples (1). La loi n'a entendu
viser que ces deux hypothèses pour la raison que
M. Lacombe, auteur de l'art. 3, n'en avait point
d'autres dans l'esprit, quand il présenta son article
additionnel qui fut admis sans aucune discussion.
Il disait au moment du vote : « Cette assimilation
des indemnités *dans les deux cas dont je viens de
parler*, a frappé la commission. Elle reconnaît avec
moi que la conséquence logique en est de les traiter
de la même manière et elle accepte *ma rédaction
sans y apporter aucune modification.* » On ne saurait donc, on le voit, sans dépasser l'intention du
législateur, étendre l'assimilation qu'il fait en dehors
des deux cas qu'il a expressément prévus. Par suite,
l'art. III n'est pas applicable aux indemnités dues
par un usufruitier, un antichrésiste ou par tout
détenteur d'une chose, auteur responsable de sa
destruction, quel que soit le fondement de sa responsabilité. Se trouve donc encore exclu, par exemple,
le cas de l'architecte et de l'entrepreneur responsables pendant dix ans de la maison qu'ils ont bâtie

---

(1) En ce sens. E. PANNIER. *Op. cit.*, p. 39. — Contra MM. DARRAS
et TARBOURIECH. *Op. cit.*, p. 259.

(Art. 1792). Les indemnités qu'ils pourraient devoir, la maison s'étant écroulée, seront le gage commun de tous les créanciers. Exclu également le cas où un tiers, en jetant une allumette enflammée, met le feu à un immeuble hypothéqué, l'indemnité qu'il paiera au propriétaire partie civile, tombera dans la masse chirographaire.

Il faut convenir que l'indemnité dans tous ces cas pourrait être assimilée à la chose sinistrée avec tout autant de raison que l'indemnité payée par le locataire ou le voisin ; pour les créanciers hypothécaires ou privilégiés toutes ces indemnités sont toujours la représentation de leur gage. On ne saurait donc trop blâmer la loi de 1889 d'un oubli aussi inconcevable, car on ne peut expliquer que par un oubli la rédaction actuelle du § 1 de l'art. 3. Combien il eût été préférable, au lieu de prétendre préciser, ce qui était un danger, de se servir d'une formule générale comme l'a fait la loi Belge de 1851. Il n'y a pas lieu cependant de s'émouvoir outre mesure de l'oubli du législateur, les deux hypothèses qu'il a prévues étant incomparablement les plus fréquentes.

SECTION II

Que faut-il entendre par locataire et par voisin ?

Par locataire, il faut entendre le sous-locataire comme le locataire principal. Il peut arriver, en effet, que le locataire étant poursuivi en responsabilité par le propriétaire, il se trouve en droit de poursuivre à son tour les sous-locataires pour la valeur de l'immeuble incendié par leur faute (1), dans ce cas, les créanciers hypothécaires et privilégiés du propriétaire (2) devront être déclarés attributaires de l'indemnité due par le sous-locataire (3). Il arrivera le plus souvent que le sous-locataire sera obligé de payer une double indemnité : l'une au propriétaire, l'autre au locataire principal, à raison des

---

(1) Voir l'arrêt de la Cour de Paris, le 16 août 1872. Sirey. 1872, II, 196.

(2) Ou de l'usufruitier, si la maison était grevée d'un usufruit lui-même hypothéqué.

(3) Il est d'autant plus naturel de leur reconnaître ce droit que la Cour de cassation vient de décider par un arrêt du 13 janvier 1892 (Sirey, 1892, I, 89), tranchant ainsi une grosse controverse, que le propriétaire a une action directe contre les sous-locataires pour faire valoir contre eux la responsabilité établie par l'art. 1733 du C. C.

avantages dont il est privé par l'incendie. Il est évident que l'attribution de nos créanciers ne s'exerce pas sur la première.

Par voisin, il faut entendre celui qui occupe en totalité ou en partie l'immeuble adjacent, qu'il soit propriétaire ou non, ou qui, sans l'occuper lui-même, en est propriétaire.

Les locataires d'une même maison sont des voisins au sens légal ; en effet, bien qu'ils habitent sous le même toit, ils appartiennent à des foyers différents.

Quand le propriétaire habite lui-même en partie la maison qu'il loue, il n'est pas toujours pour ses locataires un voisin au sens où l'entend la loi. Mais ses locataires sont pour lui, nécessairement, des voisins : ainsi, à supposer un incendie dont le propriétaire a pu souffrir d'ailleurs dans la partie qu'il habite, incendie ayant pris naissance chez un de ses locataires, mais dû à un vice de construction et non à la faute de ce locataire, l'indemnité que le propriétaire lui devra, aux termes de l'art. 1721 du C. civ. *comme propriétaire* tenu à garantie, ne sera pas attribuée par préférence aux créanciers privilégiés du locataire, la loi de 1889 ne s'appliquera pas ; l'indemnité qui survient n'étant due ni par suite d'assurances, ni par un locataire, ni par un voisin. C'est là un résultat bizarre, conséquence du point de vue si étroit où s'est placé le législateur de 1889. Il est à noter que si le propriétaire se refusait à agir contre le locataire ou le voisin, les créanciers, en vertu de l'art. 1166, devraient ètre admis à le faire.

SECTION III

Remarques sur l'application de l'article III § 1.

Pour le locataire, l'obligation qui s'impose à lui de payer une indemnité résulte, comme nous l'avons vu, soit de l'impossibilité où il est de prouver que la chose a péri par cas fortuit, soit de ce qu'on a établi directement un fait de faute à sa charge. Mais dans ce dernier cas, il est certain que le locataire peut n'être pas tenu uniquement envers le propriétaire. Si la faute qu'il a commise et qu'on lui prouve, a entraîné comme conséquence un dommage pour des tiers, ceux-ci ont également une action à exercer fondée sur son délit ou son quasi-délit.

D'autre part, dans tous les cas de responsabilité entre voisins, la cause unique des indemnités exigibles ne peut résulter que d'une faute commise et démontrée. Cette faute, comme dans le cas précédent a pu atteindre et le voisin directement lésé et des tiers non-voisins subissant un préjudice du fait du sinistre.

Il est évident que parmi ces tiers il faut compter en premier lieu les créanciers qui avaient un droit de gage général ou spécial sur le bien détruit ou endommagé. La conclusion à en tirer, c'est que les créanciers hypothécaires ou privilégiés auxquels s'adresse le paragraphe 1 de l'art. III pour leur donner le bénéfice de l'attribution légale, auraient à défaut de cette disposition, une action directe contre l'auteur de la faute, en réparation du préjudice qu'il leur a causé. Cette action subsistera-t-elle concurremment avec l'attribution ? Nous ne le pensons pas. La loi de 1889 a rendu impossible par la création de l'attribution légale, la poursuite des créanciers. La seule action en indemnité à exercer contre le responsable, appartient ici, dans les deux hypothèses prévues par la loi, au propriétaire de l'objet sinistré, et c'est par l'attribution légale et dans la mesure de cette attribution que les créanciers privilégiés et hypothécaires trouveront la réparation du préjudice qui leur a été causé. Mais, dira-t-on, ne pourraient-ils exercer directement une action contre le responsable pour le chiffre qui leur resterait dû sur leur créance au cas où l'attribution ne les aurait qu'incomplètement désintéressés ? Nous ne le pensons pas, la loi, en effet, en créant l'attribution, est partie de cette idée que l'indemnité représente la valeur du bien **ou** son prix de vente au moment du sinistre, par conséquent, les créanciers, de toute manière, ne pourront en profiter que dans la mesure où ils seraient venus en ordre utile sur le prix au cas de vente. Or, l'indemnité allouée au propriétaire sinistré, débiteur des créanciers, sera toujours au moins égale à ce prix, les créanciers ne pourraient donc justifier du bien fondé de leur action.

Lorsque l'immeuble loué est assuré, sa destruction donne ouverture à une double indemnité, l'une due par le locataire, l'autre due par l'assureur. Quels seront, dans cette hypothèse, les droits des créanciers attributaires ? Remarquons d'abord que si ces deux espèces d'indemnités peuvent avoir pour cause la perte d'un même objet, elles ne peuvent jamais être exigées cumulativement par le propriétaire sinistré. Celui-ci doit exercer un droit d'option et cela pourquoi ? parce que l'indemnité, dans les deux cas, dit la loi, est assimilée à un prix de vente ; or, si l'immeuble eût été vendu, le prix n'aurait été dû qu'une fois, il en est de même de l'indemnité. Les créanciers attributaires ne pouvant exercer leur droit que sur une indemnité, comme ils n'auraient été colloqués que sur un prix de vente, leur sort est lié au choix que fera le propriétaire. Le locataire est-il solvable et l'indemnité à sa charge est-elle plus forte que celle qui est due par l'assureur, ce qui a lieu notamment lorsque depuis le contrat d'assurance, l'immeuble a acquis une plus-value ? tant mieux pour eux, car alors le propriétaire ne manquera pas de poursuivre le locataire, son intérêt étant ici le même que celui de ses créanciers.

Le locataire est-il insolvable ? le propriétaire se tournera alors de préférence du côté de l'assureur. L'attribution, au profit des créanciers, n'aura jamais lieu que sur l'une des deux indemnités. Mais l'une d'elles étant obtenue, la seconde cesse d'être due.

Le principe que l'assurance ne peut pas être une source de profit pour l'assuré ou ses ayants cause vient encore fortifier cette conclusion (1).

L'assureur qui désintéresse le propriétaire sinistré peut toujours, cela va sans dire, se faire subroger dans son action contre le locataire ou le voisin responsables du sinistre, si toutefois il n'a déjà pris cette précaution, ce qu'il ne manque jamais de faire dans la pratique.

______

(1) Il est d'ailleurs probable que dans ce § 1 de l'art. III, le législateur a en vue le cas où le bien sinistré n'est pas assuré.

CHAPITRE III

DES CRÉANCIERS ATTRIBUTAIRES

Le texte de notre loi dit : « *les indemnités sont* » *attribuées, sans qu'il soit besoin de délégation* » *expresse, aux créanciers privilégiés ou hypothé-* » *caires suivant leur rang* ».

Le législateur par créanciers privilégiés ou hypothécaires a entendu viser tous les créanciers d'une façon générale, pour qui le bien sinistré était une sûreté spécialement affectée à la garantie d'une créance, pour eux l'indemnité doit prendre la place de leur gage. Aussi ne devrait-on pas dire, si on veut rester fidèle à la pensée de la loi, que seuls les créanciers munis d'un privilège ou d'une hypothèque, au sens absolu de ce mot, profiteront de l'attribution : c'est ainsi que nous déciderons que les créanciers rétenteurs devront être déclarés attributaires de l'indemnité.

Il importe peu que le privilège soit spécial ou général, mobilier ou immobilier, que l'hypothèque soit conventionnelle, judiciaire ou légale; il est indifférent également que les créanciers tiennent leur privilège ou leur hypothèque du Code civ., du Code de comm. ou de Lois spéciales.

Voici, à titre d'indication, la nomenclature aussi succincte que possible des différentes sûretés particulières qui donnent lieu à l'attribution légale. Ce sont d'abord les privilèges et les hypothèques: il faut comprendre sous cette dénomination:

1° Les privilèges généraux des art. 2101, 2104, 2105 du C. civ. portant à la fois sur les meubles et sur les immeubles, mais ne s'exerçant sur cette dernière catégorie de biens, qu'à défaut de ressources mobilières suffisantes;

2° Les privilèges sur certains meubles: (privilèges de l'aubergiste, du voiturier, etc...... C. civ., art. 2102). Voir aussi les art. 92 et 95 du C. com. privilèges du commissionnaire et du créancier gagiste et aussi les privilèges relevant du droit maritime et prévus par les art. 191, 271, 308, 320 et suiv. du même Code;

3° Les privilèges sur certains immeubles: (privilèges du vendeur, de l'architecte, etc.... art. 2103 du C civ., privilège de la séparation des patrimoines au profit des créanciers de la succession

art. 878 et 2111) (1). Il faut faire rentrer dans l'une
ou l'autre de ces deux dernières catégories, les privilèges prévus par certaines lois spéciales, privilèges
du trésor et des différentes administrations (Voir
Aubry et Rau, tom. III, p. 177 et 193, édit. de 1869);

4° Les hypothèques légales, celles du mineur,
de l'interdit, de la femme mariée; celles des personnes morales, état, commune et établissements
publics (C. civ. 2121), l'hypothèque des créanciers
du failli (art. 490 et 517 du C. com.), enfin, les privilèges immobiliers dégénérés en simples hypothèques, faute d'une inscription du privilège en
temps utile (C. civ., art. 2113);

5° Les hypothèques judiciaires (C. civ., art. 2123);

6° Les hypothèques conventionnelles (C. civ.,
art. 2124).

Aux créanciers en possession d'une de ces différentes causes de préférence rentrant d'une manière
formelle dans les prévisions de notre loi, il convient
d'ajouter, pensons-nous, le créancier nanti d'un
droit de rétention (2), il ne nous semble pas, en effet,

____

(1) L'attribution n'a pas grand intérêt ici ; l'indemnité leur appartient indépendamment du principe nouveau, tant qu'elle sera recon-
naissable dans la masse de la succession.

(2) Quelle qu'en soit l'origine, les cas incontestés de rétention sont
prévus par les art. 2082, 2087, 867, 1612, 1673, 1749 et 1948.

que le mot privilège employé dans l'art. 2 (créanciers privilégiés) doit s'entendre dans le sens étroit d'une définition scientifique. A la vérité, le droit de rétention ne confère pas une cause de préférence sur le prix de la chose, néanmoins, il en résulte une situation privilégiée, en ce sens qu'il autorise le créancier à demeurer nanti du bien objet de son droit au préjudice du propriétaire, des créanciers privilégiés ou hypothécaires, jusqu'à ce qu'il ait été complètement désintéressé. Dessaisi contre sa volonté, il peut même se faire remettre en possession (1), sous certaines conditions. Un sinistre étant un mode de dessaisissement étranger à la volonté de notre créancier, il paraît conforme à la nature du droit de rétention comme au sens général de l'art. 2, de lui accorder sur l'indemnité un droit privilégié semblable à celui qu'il possédait sur la chose elle-même : dès lors, on doit l'autoriser à être payé sur cette indemnité par préférence à toutes les personnes à qui son droit était opposable (2).

----

(1) Voir Mourlon. *Répétitions écrites du droit civil*, tome 3, p. 550.

(2) Nous ne pensons pas devoir suivre MM. Darras et Tarbouriech dans l'extension qu'ils font de l'attribution légale au profit des personnes jouissant d'un droit de retour légal (art 747, 766, 351, 352 du C. civ.) pas plus qu'aux co-héritiers bénéficiant d'un rapport (art. 843). La loi de 1889, toute de droit étroit, on le sait, n'a établi de dérogation à l'effet normal du contrat d'assurance qu'au profit des *créan-*

SECTION I

Des conditions mises à l'exercice de l'attribution au profit des créanciers privilégiés ou hypothécaires.

Il est entendu que la loi, imposant ordinairement aux titulaires de privilèges et d'hypothèques, la formalité de l'inscription et de son renouvellement en temps utile pour que leurs droits soient opposables aux tiers, il faut, de toute nécessité, que nos créanciers aient satisfait à cette exigence, avant le sinistre, pour qu'ils puissent bénéficier de l'attribution ; mais cela suffit-il ? Nous ne le pensons pas. Notre loi semble apporter une dérogation aux conditions ordinaires de la publicité des hypothèques et des privilèges, puisqu'elle envisage la possibilité de paiements valables parce qu'ils sont faits de bonne foi, alors qu'il existait des créanciers privilégiés ou hypothécaires inscrits sur le bien sinistré. Or, qu'est-ce que la bonne foi ? cela ne peut être que

---

ciers, *privilégiés ou hypothécaires* : toutes les autres personnes intéressées à la conservation du bien assuré rentrent donc dans le droit commun, elles ne pourront tirer profit de l'assurance d'une manière quelconque, qu'autant que les termes de la police ou des délégations expresses le permettront.

l'ignorance des hypothèques et privilèges. On peut donc en conclure que l'inscription ne suffit pas pour réputer connue de l'assureur l'existence des charges grevant le bien sinistré, et aussi que l'assureur n'est pas tenu de les rechercher (1), car alors sa bonne foi deviendrait impossible. Il faut donc quelque chose de plus que l'inscription. En quoi doit consister cet appoint de publicité ? Le législateur ne le dit pas, mais on comprend qu'un avertissement sous une forme quelconque et d'où qu'il vienne, pourvu qu'il laisse des traces permettant d'établir qu'il a été donné, en remplira l'office. Au résumé il suffit : 1º que l'inscription ait été prise avant le sinistre, 2º que l'assureur ait eu connaissance avant le paiement, de l'existence du privilege ou de l'hypothèque, peu importe l'origine de cette connaissance, qu'elle soit volontaire ou accidentelle.

Une hypothèque ou un privilège soumis à la nécessité de l'inscription, et pour lesquels, cette formalité n'aurait pas encore été accomplie au moment du sinistre, ne pourraient, croyons-nous, conférer à leurs titulaires, un droit à l'attribution.

Il nous semble, en effet, que si, à l'époque du sinistre, c'est-à-dire alors que naît le droit à l'attri-

____

(1) En ce sens un jugement du 11 août 1891 du tribunal de commerce de Vienne rapporté par la *Gazette des tribunaux*, Nº du 11 novembre 1891. Voir aussi le *Moniteur des assurances*, 1891, page 516.

bution de l'indemnité, le privilège ou l'hypothèque ne réunissent pas toutes les conditions que la loi exige pour qu'ils aient efficacité vis-à-vis des tiers, conditions dont l'inscription fait partie, ils doivent être tenus pour non avenus, en tant qu'ils tendraient à conférer une cause de préférence sur l'indemnité.

Une dernière question reste à examiner. Supposons que l'inscription d'un des créanciers soumis à cette obligation, soit sur le point d'être périmée, au moment où se produit le sinistre : c'est par exemple, depuis neuf ans et onze mois qu'elle a été prise. Dans ce cas, y aurait-il, pour le créancier intéressé, nécessité de la renouveler après le sinistre, pour que l'hypothèque conserve ses effets et qu'il soit déclaré attributaire de l'indemnité ? Nous ne le pensons pas. Le droit des créanciers attributaires est fixé, suivant ce que nous avons admis, au moment où le sinistre a lieu, *alors*, le droit sur la chose est converti en un droit sur l'indemnité. L'hypothèque, pourrait-on dire, ou plutôt *son inscription a atteint son effet légal* (1),

---

(1) La question de l'effet légal de l'inscription se pose dans d'autres cas. On admet généralement les solutions suivantes: 1° Dans l'hypo. thèse d'une vente volontaire d'un bien grevé, l'effet légal est atteint à partir de la notification de l'acte d'aliénation et de l'offre du prix, 2° dans l'hypothèse d'une vente forcée, à partir du jugement d'adjudication, 3° dans l'hypothèse d'une expropriation pour cause d'utilité publique, à l'expiration du délai de quinzaine qui suit la transcription du jugement d'expropriation. (Voir DEMANTE et COLMET DE SANTERRE, *Cours analytique du code civil*, tome 9, pages 304 à 309.

et le droit de préférence de notre créancier, s'est porté par l'effet de la loi, d'une manière définitive sur l'indemnité à payer ; quoi qu'il arrive par la suite, le créancier est assuré d'en bénéficier, si toutefois son hypothèque vient en ordre utile à la date assignée par l'inscription existante au jour du sinistre. Un renouvellement d'inscription serait donc ici sans intérêt.

SECTION II

De l'opposition éventuelle des créanciers privilégiés ou hypothécaires. — Utilité de cette mesure.

L'assureur, ne pouvant être tenu de lever l'état des inscriptions existant sur le bien assuré, alors qu'il n'est même pas obligé de rechercher les charges grevant ce bien, nos créanciers feront sagement, s'ils veulent sauvegarder leurs droits, d'en dénoncer eux-mêmes l'existence et le montant, comme la qualité et l'origine, au débiteur d'indemnité. Notre loi semble d'ailleurs leur indiquer la forme préférable de cette dénonciation. Elle dit en effet dans l'art. II « Néanmoins, les paiements faits de bonne foi avant » opposition sont valables ». On peut en conclure, la bonne foi de l'assureur ne pouvant consister que dans l'ignorance des hypothèques et privilèges, qu'après l'opposition entre ses mains, les droits de nos créanciers seront sauvegardés, précisément parce que cette opposition ne lui permettra plus d'opposer la bonne foi.

Il paraît évident que par ce mot opposition, le législateur n'a pas entendu faire allusion à la procédure si complexe de la saisie-arrêt ; d'ailleurs elle ne serait possible qu'après le sinistre, alors que la dette de l'assureur est certaine, ce qui lui enlèverait sa véritable utilité.

Comme le font remarquer MM. Darras et Tarbouriech, l'idée de bonne foi est ici dominante et « l'opposition visée, n'ayant d'autre but que de constituer l'assureur de mauvaise foi, elle n'est en somme qu'une simple dénonciation écrite, faite par le créancier des droits qu'il est appelé éventuellement à exercer sur l'indemnité ». Étant telle, la forme en importerait peu ; mais il semble que le créancier ait intérêt à se servir de la forme de l'opposition par ministère d'huissier pour écarter par la suite toute difficulté de preuve sur la connaissance que l'assureur avait au moment du paiement de l'existence des privilèges ou des hypothèques.

D'ailleurs à supposer que le créancier se soit servi comme moyen de dénonciation d'une simple lettre missive, la loi paraissant n'avoir rien indiqué de formel à cet égard, il est vraisemblable qu'il sera sollicité par l'assureur de réitérer sa dénonciation, dans la forme de l'acte extra-judiciaire ; et cela, afin que l'assureur puisse, le sinistre arrivé, justifier lui-même auprès de toute personne réclamant le paiement de l'obstacle qui s'oppose à ce qu'il verse l'indemnité.

L'opposition éventuelle, est-il besoin de le remarquer, ne conservera ses effets qu'aussi longtemps que l'assurance demeurera en vigueur entre les mêmes parties. Le créancier diligent devra donc la renouveler, quand la chose grevée à son profit aura changé de patrimoine, alors même qu'elle resterait garantie contre les risques par le même assureur. C'est, qu'en effet, l'ancienne assurance est éteinte et c'est une nouvelle créance d'indemnité qui pourra prendre naissance au profit d'un autre intéressé.

En ce qui concerne l'indemnité due par la personne responsable, — locataire ou voisin — il est évident que l'opposition ici ne pourra jamais être faite qu'après le sinistre ; il ne peut s'agir de défendre éventuellement de payer, puisqu'il est impossible de connaître à l'avance le débiteur responsable. Les créanciers hypothécaires ou privilégiés devront donc redoubler de vigilance pour se faire connaître à temps du responsable, s'ils veulent éviter les retards et les ennuis que leur causerait un recours contre les personnes qui auraient été payées à leur préjudice.

L'insuffisance de notre loi, ici, saute aux yeux :

il est regrettable que le législateur n'ait pas cru devoir impartir un délai au profit des créanciers, afin de leur donner le temps de se faire connaître et d'empêcher la possibilité d'un paiement hâtif et préjudiciable à leurs intérêts, qu'il voulait pourtant sauvegarder.

De la forme de l'opposition d'après la jurisprudence. — Par application de l'art. 2 de notre loi, une opposition avait été faite par le propriétaire entre les mains de l'assureur du locataire ; celui-ci la jugeant irrégulière en demandait la nullité. Telle était l'espèce qui se présentait devant le tribunal civil de Toulouse, le 23 décembre 1889 (1). Voici ce qu'il jugea : « Attendu, sur la demande principale tendant à la nullité de l'opposition, que cette opposition ayant été faite sans la permission du juge comme sans titre, et n'ayant été suivie, au surplus, d'aucune assignation du débiteur saisi en validité, doit être déclarée nulle et de nul effet..., etc. » C'était là une erreur, elle n'était, d'ailleurs, pas la seule de ce jugement (2).

(1) Voir le bulletin de jurisprudence du journal *l'Assurance*, N° du 20 mars 1890.

(2) Il décidait, par exemple, que l'attribution de notre loi ne s'appliquerait pas à l'indemnité due pour le dommage que le fermier avait personnellement éprouvé, il méconnaissait aussi l'art. 2102 du Code civil.

La Cour de Toulouse, par un arrêt du 27 mai 1890 (1),
n'admit point cette façon de voir, comme on pouvait
s'y attendre, et décida « ...Attendu que le locataire
cherche vainement à assimiler à une saisie-arrêt
l'opposition du propriétaire; que cette opposition
faite en conformité de l'art. II de la loi des 19 et
20 février 1889 n'est assujettie ni à des formes particulières, ni à l'autorisation du juge, que la saisine
des sommes dues aux créanciers privilégiés, provenant d'une attribution légale, il n'y a pas lieu à
suivre les règles de la saisie-arrêt; par ces motifs,
infirmant, etc... »

Un jugement du tribunal civil de Montpellier (2),
en date du 12 mai 1892, décide la même chose. Dans
l'espèce qui se présentait, une simple lettre fut jugée
suffisante pour former opposition aux mains de
l'assureur.

-----

(1) Voir le *Moniteur des assurances*, 1890, p. 653 et Sirey, 1890, 2,
173.

(2) Voir le *Moniteur des Assurances*, 1892, p. 506.

SECTION III

De l'intervention justifiée de nos créanciers avant le sinistre.

L'opposition éventuelle aux mains de l'assureur n'est pas la seule mesure conservatoire de leurs droits que puissent prendre les créanciers privilégiés ou hypothécaires avant le sinistre. Du fait de l'attribution légale, il convient de leur reconnaître, bien qu'ils n'aient pas été partie au contrat d'assurance, un certain droit d'intervention près de l'assureur, dans la mesure où ils peuvent légalement empêcher la ruine du contrat à l'existence duquel ils sont intéressés. Mais les actes par lesquels cette intervention se traduira, ne seront légitimes qu'autant qu'ils seront conformes aux conventions de la police, ou tout au moins conciliables avec les obligations qu'elle prévoit.

C'est ainsi qu'ils peuvent payer les primes à la place de l'assuré, quand celui-ci a cessé de le faire. Il ne saurait y avoir de doute à cet égard. L'art. 1236 du Code civil, à défaut de notre loi, suffirait à le leur permettre. Encore faut-il supposer que l'assuré n'a pas *expressément* manifesté à l'assureur son intention de résilier le contrat (1), car alors les créanciers ne pourraient rien; le sinistre n'ayant pas éclaté, leur droit à l'indemnité reste tout éventuel et subit le sort du contrat.

Pourraient-ils remplacer l'assuré près de l'assureur pour les différentes déclarations qu'il est tenu de lui faire à peine de déchéance du contrat, telles que déclarations d'aggravation de risques, de mutation de propriété? nous ne le pensons pas, ces différentes déclarations, par elles-mêmes, supposent une modification aux conventions primitives que seul, le propriétaire, est capable de réaliser. Tout ce que pourront faire les créanciers dans ce cas, c'est d'assurer, pour leur compte, le bien auquel leurs droits sont attachés, mais alors ils ne seront plus attributaires de l'indemnité au cas de sinistre, mais bénéficiaires, et notre loi, dans cette hypothèse, ne peut leur être d'aucune utilité.

Auraient-ils le droit d'exiger de l'assuré leur débiteur, la production des quittances certifiant du paiement des primes? nous ne le croyons pas; si l'attribution légale était juridiquement l'équivalence de la délégation stipulée et signifiée, on ne devrait hésiter à le leur reconnaître, mais il est impossible

---

(1) Le défaut de paiement des primes est en général, aux termes des polices, une cause de déchéance du contrat.

de voir autre chose dans la création nouvelle du
législateur que la volonté de voir survivre les hypothèques et privilèges au bien sinistré dans le cas où
une assurance existe et qu'une indemnité est due,
encore faut-il que le propriétaire contracte une assurance ; or il n'est point tenu de le faire, l'assurance
n'étant pas encore, malgré le désir de certains jurisconsultes, une charge de la propriété ; on ne saurait
donc lui imposer une pareille exigence, il contracte
une assurance quand il lui plaît, et la laisse s'anéantir
de la même façon. Toute autre est la situation des
créanciers vis-à-vis de leur débiteur ou vis-à-vis de
l'assureur, quand le risque est réalisé : alors leur
droit à l'indemnité est né et certain, ils sont armés
contre la négligence ou la mauvaise volonté de
l'assuré. On verra quelle initiative peut leur appartenir dans ce cas, en examinant la matière du
paiement.

CHAPITRE IV

DU PAIEMENT DES INDEMNITÉS

SECTION I

Des opérations préparatoires au paiement.

Le sinistre arrivé, le droit des créanciers à l'indemnité est ouvert ; dès lors ils pourront, comme l'assuré
qui en a lui l'obligation, faire la déclaration de
sinistre à l'assureur. Il semble que ce soit pour eux
un droit incontestable, la plupart des polices édictant
la déchéance pour le cas où, dans la quinzaine du
sinistre, la déclaration n'aurait pas été faite à l'assureur. Mais cette mesure prise, le paiement de
l'indemnité étant aussi assuré qu'il peut l'être, (1)
toute intervention de leur part, jusqu'à ce qu'on les

---

(1) La malveillance de l'assuré, reconnu l'auteur du sinistre, pourrait seule relever l'assureur de l'obligation de payer l'indemnité.

convoque pour le paiement, suivant leur rang, serait mal fondée en principe (1).

S'agit-il d'évaluer les dommages résultant du sinistre? de déterminer le montant de l'indemnité? de gré à gré ou par voie d'expertises? L'assuré et l'assureur sont seuls en droit de débattre ces questions et de les résoudre conformément aux clauses de la police, car ils ont été seuls parties au contrat. Toutes leurs décisions à cet égard et dans ces limites sont opposables aux créanciers comme le contrat lui-même; *a fortiori* ils devraient s'incliner devant tout jugement intervenu à l'occasion d'une difficulté d'interprétation de la police.

Les créanciers attributaires de notre loi ne peuvent prétendre aux droits qui étaient reconnus difficilement, il est vrai (2), aux créanciers cessionnaires de

---

. (1) Il va sans dire qu'ils pourraient agir en vertu d'un mandat donné par le débiteur.

(2) Les compagnies, en présence des difficultés que nécessitait souvent au cas de cession, le règlement de l'indemnité, soutenaient que la plupart des polices portant « que les dommages sont réglés de gré à gré ou évalués après l'enquête ou expertise contradictoire par deux experts nommés par les parties », il faut entendre par là l'assureur et l'assuré, que ceux-ci ont donc seuls qualité pour procéder au règlement, le cessionnaire ne pouvant exiger d'y paraître au nom de l'assuré. Elles prétendaient aussi que la cession portait sur le montant de l'indemnité, tel qu'il apparaîtra après évaluation, l'assuré étant en tant que besoin constitué le mandataire du cessionnaire pour procéder à cette évaluation. Un arrêt de la Cour de Colmar en 1852, trancha définitivement cette question au profit des cessionnaires, « la cession ayant dépouillé le cédant de tous ses droits. » V. BONNEVILLE DE MARSANGY. *Op. cit.*, 2e partie, p. 142.

l'indemnité sous l'empire de la législation antérieure. On ne saurait les admettre à exercer les
droits appartenant normalement à l'assuré leur
débiteur, à moins que l'attribution de notre loi ne
soit l'équivalent adequat d'une cession ou d'une
délégation ; et cela n'est pas , car l'opposition
visée dans l'art. 2 est incompatible avec l'idée d'une
cession véritable. L'attribution n'étant pas une cession, nos créanciers ne peuvent intervenir avant le
paiement. Et cela se comprend, leur intervention à
ce moment serait une source de difficultés. D'ailleurs,
la loi ne les déclare attributaires ou bénéficiaires que
de l'« *indemnité due* », ce qui suppose la détermination
préalable de son quantum fixé après expertise ou
amiablement par les signataires du contrat. Ce n'est
que le chiffre dû et ainsi établi qui est leur gage ;
poursuivre leur paiement, suivant leur rang, sur
l'indemnité arrêtée sans fraude , tel est en principe
l'unique droit conféré par l'attribution.

N'étant pas admis aux opérations préparatoires
nécessaires à la fixation de l'indemnité, ne pourraient
ils être reçus à en discuter le chiffre, une fois déterminé ? Oui, mais dans un seul cas, lorsqu'ils prouveraient que l'assuré et l'assureur se sont frauduleu-
sement concertés pour en diminuer le montant, en
un mot dans le cas de collusion. L'art. 1167 du
C. civ., trouverait ici son application.

Il est bien entendu que si l'assuré, par négligence

ou de parti pris, n'agissait point, nos créanciers,
après sommation à lui faite et restée sans effet, pourraient obtenir du juge sur ordonnance de référé,
l'autorisation de procéder directement avec l'assureur aux opérations utiles en vue du règlement (art.
1166). Mais encore une fois, ils ne peuvent, sous
prétexte que l'indemnité est leur gage spécial et
qu'ils ont intérêt à déjouer les collusions possibles,
intervenir dans les opérations préalables au paiement.
Il ne faut pas oublier que dans l'intention du législateur l'indemnité est assimilée à un prix de vente.
Or, quand un débiteur vend un immeuble, les créanciers privilégiés ou hypothécaires n'ont nullement
le droit d'intervenir dans les pourparlers précédant
la vente. Celle-ci est l'œuvre exclusive du vendeur
et de l'acheteur, c'est entre eux que le prix est con-
venu. Nos créanciers n'auront donc aucune initiative
quant aux contestations ou aux actions relatives à
l'évaluation des dommages ou à la fixation de l'indemnité, ces actions ne leur appartiennent pas, c'est par
l'assuré ou contre lui qu'elles seront exercées. Une
décision toute récente du tribunal civil de la Seine
consacre ce principe. Le 13 janvier 1893, il décidait :

« Attendu, que si aux termes de l'art. 2 de la loi
» du 19 février 1889 les indemnités dues par suite
» d'assurance contre l'incendie sont attribuées, sans
» qu'il y ait besoin de délégation expresse, aux

» créanciers privilégiés ou hypothécaires suivant
» leur rang, il ne s'ensuit pas que l'assuré soit privé
» de l'exercice de l'action relative au paiement de
» l'indemnité ;

» Que c'est à lui qu'il appartient d'agir pour obte-
» nir la condamnation de l'assureur, comme c'est
» contre lui que ce dernier devrait former sa demande
» en nullité ou en déchéance ;

» Attendu au surplus que l'idée d'une opposition,
» prévue par le second paragraphe du dit art. 2, ne
» saurait se concilier avec l'idée d'une délégation
» conférant aux créanciers eux-mêmes l'exercice
» des actions » (1).

Le tribunal de Brives, le 18 décembre 1889, avait
jugé incidemment le contraire. Il disait, en effet, que
les expressions dont la loi s'est servie dans l'art. 2
« ne peuvent signifier autre chose, sinon que la loi
» produit l'effet d'une délégation expresse et natu-
» rellement d'une délégation régulière, c'est-à-dire
» signifiée et acceptée ; *que l'assuré est donc dessaisi*
» *à l'égard de l'assureur* » (2).

---

(1) V. le *Bulletin de jurisprudence du journal l' « Assurance »* N°
du 20 mai 1893, p. 75 et dans le même sens un jugement du tribunal
de Villefranche, du 19 mai 1893. V. *journal des Ass.*, 1893, p. 457.

(2) Voir le *Bulletin de jurisprudence du journal l'Assurance*, N° du
20 février 1890, page 289, et aussi SIREY, 1890, 2, 174.

Inutile d'insister sur cette interprétation. Ce jugement contient d'ailleurs d'autres erreurs, en particulier sur la bonne foi dont l'assureur doit toujours
fournir la preuve, ce qui revient à dire que la mauvaise foi se présume à son égard ; aussi exige-t-on de
lui qu'il constate *dans tous les cas*, avant le paiement,
par un *certificat délivré par le conservateur*, l'état du
bien sinistré. Où se trouve dans notre loi la justification d'une pareille exigence ? C'est ce qu'on ne
montre pas. Notons en terminant, que si l'assurance
garantit contre un sinistre, par la même police, des
meubles et des immeubles, l'assureur fera bien d'établir deux évaluations correspondant aux deux catégories d'objets ; car il pourra y avoir lieu à deux
attributions différentes, suivant la nature des droits
de préférence des divers créanciers.

SECTION II.

Du paiement.

En principe, le paiement peut être effectué dès
que le chiffre de l'indemnité est arrêté. Les compagnies d'assurances ont grand intérêt, on le comprend,
à sortir des difficultés d'un règlement et à payer
aussitôt que possible, afin de pouvoir se livrer plus

librement à de nouvelles opérations. Aussi, en général, se hâtent-elles de se libérer, et, en quelques jours ordinairement, à moins de contestations, tout règlement est terminé.

Dans notre cas, la loi n'édictant aucun délai donnant la facilité aux créanciers privilégiés ou hypothécaires de prendre leur temps pour se faire connaître après la fixation de l'indemnité, et, d'autre part, n'imposant à l'assureur aucune formalité du genre de la purge, la bonne foi qui le couvre consistant uniquement dans l'ignorance où il est au moment du paiement de l'existence des créanciers en question, l'assureur a ici un intérêt de plus à se libérer au plus tôt, afin d'éviter les embarras qui pourraient survenir pour lui de la connaissance de créanciers attributaires, connaissance qui aurait d'autant plus de chance de lui parvenir qu'il attendrait plus longtemps. Dans ces conditions, on ne pourrait taxer de précipitation le droit incontestable qu'il a, les dommages ayant été évalués avec le soin désirable et l'indemnité ayant été régulièrement fixée, de payer aussi rapidement qu'il lui convient.

Les créanciers pas plus que l'assureur, est-il besoin de le remarquer, ne pourraient retarder le paiement sous prétexte qu'il peut ou qu'il doit exister des créanciers attributaires, ou d'autres que ceux qu'il connaît ; on ne peut arguer ici d'une existence présumée ; il faut une existence connue d'une façon précise, son origine importe peu, mais il la faut précise. L'assureur n'est pas, de par la loi, le gardien des intérêts des créanciers inconnus ou négligents.

C'est donc à tort qu'un assureur prétendrait, sauf stipulation particulière insérée dans la police, exiger en vertu de notre loi, avant le paiement, la remise par le ou les bénéficiaires de l'assurance, d'un certificat du conservateur des hypothèques, faisant connaître l'état du bien sinistré. Il n'a d'ailleurs aucun intérêt à cela ; il ne peut en résulter pour lui que des retards dans sa libération. Et puis, qu'a-t-il à craindre ? Il lui suffit, pour être à l'abri de tout recours, de payer conformément à la situation qui lui est connue au moment où il peut se libérer, c'est-à-dire quand l'indemnité a été fixée. Cela fait, si des créanciers attributaires ou de nouveaux créanciers attributaires viennent à se révéler, c'est entre eux et le propriétaire sinistré que se débattront les contestations probables, il y demeurera étranger. Aussi ne comprenons-nous pas le procès qui, en 1889, est venu devant le tribunal de Brives et auquel il a déjà été fait allusion. Quel scrupule pouvait donc pousser la Compagnie « *La Confiance* » à refuser le paiement de l'indemnité à un sieur Charbonnel, alors que dans l'espèce aucune opposition n'avait été faite et que la Compagnie ne connaissait, d'une façon certaine, l'existence d'aucun droit de préférence.

Chose aussi étonnante que la résistance de la

Compagnie, le jugement qui intervint donna raison
à cette dernière, mais, comme dit un journal, « non
sans jeter le trouble dans le monde des assureurs » (1).

Voici ce jugement dans sa partie principale :

» Attendu, disait le tribunal de Brives, que cer-
» tains immeubles appartenant à Charbonnel et
» assurés à la Compagnie « *La Confiance* » ayant été
» détruits par un incendie, l'indemnité fut fixée,
» d'un commun accord à la somme de 1.057 fr. 95,
» Charbonnel intente une action à la Compagnie
» pour se faire payer cette somme ;

» Attendu que *La Confiance*, invoquant l'art. 2 de
» la loi du 19 février 1889, d'après lequel les indem-
» nités dues par suite d'assurances sont attribuées
» aux créanciers hypothécaires ou privilégiés, refuse
» de payer Charbonnel avant qu'il ait été établi que
» son immeuble n'était point grevé ;

» Mais que, d'après Charbonnel, la Compagnie
» n'est pas en droit de se retrancher derrière la loi
» précitée, parce que les paiements faits de bonne
» foi et avant oppositions, sont valables et qu'il n'y
» a pas eu d'oppositions ».

On se demande alors en quoi pourrait bien con-

____

(1) Voir l'« *Assurance* ». N° du 15 février 1890, l'article intitulé :
« Les indemnités de sinistre ».

sister la bonne foi de la Compagnie, puisqu'on ne
voit pas un mot qui puisse faire supposer l'existence
de charges hypothécaires dans les moyens invoqués
par elle ; elle se contente de dire : je n'ai pas de certificat du conservateur, je ne paie pas ; l'adversaire
répondait : vous ne connaissez pas de créanciers
attributaires, car vous les nommeriez , donc payez.
Vous êtes de bonne foi, vous ne risquez rien ; vous
n'êtes donc point exposé à des répétitions , moi seul
les subirai, s'il y a lieu. — Votre refus est injusti-
fiable. Et le tribunal de dire non, la Compagnie ne
paiera pas , parce qu'elle pourrait payer l'indu « il
est de son droit et de son devoir d'exiger la production du certificat du conservateur des hypothèques » ;
s'il existe des créanciers attributaires, « l'attribution
a dessaisi l'assuré du droit à l'indemnité vis-à-vis de
l'assureur, le certificat est indispensable, sans lui
la Compagnie sera à tout jamais dans l'impossibilité
de prouver sa bonne foi ». Comme si une preuve néga-
tive comme celle de l'ignorance où l'on est de l'existence d'un fait, pouvait être fournie ; elle ne peut
résulter que de la preuve positive contraire : la mauvaise foi établie par des oppositions faites, ou bien
par la connaissance non pas possible, mais certaine,
des hypothèques au moment du paiement.

On peut croire que Charbonnel fut mal inspiré en
ne portant pas en appel ce jugement ; dans tous les
cas, il suffit à inspirer de réelles inquiétudes aux

Compagnies d'assurances, qui stipulèrent régulièrement depuis, dans leurs polices, que l'assuré doit
déclarer à l'assureur, s'il est débiteur hypothécaire.
Il pourrait en coûter cher à l'assuré qui ne satis-
ferait pas complètement à cette stipulation. Le
tribunal de la Seine décidait, en effet, le 17 février
1893 (1) que n'est pas contraire à l'ordre public, et
comme telle frappée de nullité, la clause d'une police
d'assurance contre l'incendie aux termes de laquelle
l'assuré doit déclarer à la compagnie s'il est débiteur
hypothécaire. Faute d'avoir fait cette déclaration,
il est déchu de tout droit à l'indemnité, *non seulement
pour l'immeuble incendié, mais encore pour le mobilier
qui y était contenu* et qui était assuré par la même
police. — Il n'y a aucune critique à formuler contre
cette décision — l'abstention de l'assuré équivaut ici
à une réticence de nature à influer sur l'opinion du
risque et par conséquent annule le contrat (2).

Les assureurs ont donc trouvé, dans une certaine
mesure, un moyen pour se défendre à l'avenir s'il en
était besoin, contre les interprétations douteuses de

---

(1) Voir *le bulletin de jurisprudence du journal l'assurance*, Nº du
20 mars 1893, p. 38.

(2) « Attendu, dit ce jugement, que le fait de l'assuré de n'avoir pas
» révélé l'existence de l'hypothèque grevant ses immeubles est de
» nature à influer sur l'opinion du risque, l'assuré pouvant avoir un
» intérêt moindre à la conservation de la chose ».

notre texte au sujet de leur bonne foi et des conditions
dans lesquelles ils peuvent valablement effectuer le
paiement. Quoi qu'il en soit de la valeur de ce moyen,
nous conclurons, pour terminer ces quelques
remarques, en disant : que notre loi n'autorise en
aucune façon l'assureur à retarder le paiement aux
mains de l'assuré, à moins qu'il ne connaisse précisément (1) par voie d'opposition ou autrement, l'existence de créanciers privilégiés ou hypothécaires
pouvant revendiquer leur part d'indemnité. Si cette
existence lui est connue, comment se libérera-t-il ?
Remarquons d'abord que l'assureur devra convoquer
les créanciers attributaires connus, leur droit au
paiement étant aussi certain que celui de l'assuré
lui-même, et exiger d'eux leur signature à la quittance ; que de plus, il n'a pas à se faire juge de
l'ordre dans lequel les créanciers devront être payés,
c'est à eux qu'il appartient de déterminer cet ordre
entre eux ou de le faire déterminer par la justice à
défaut d'entente — cela étant, différentes hypothèses
peuvent se présenter.

---

(1) Ainsi, disent MM. Darras et Tarbouriech « l'assureur ne pourrait
» pas dire à l'assuré : vous êtes tuteur, vous êtes marié, prouvez que
» votre pupille n'a aucune créance contre vous, que votre femme n'aura
» pas de reprise à exercer plus tard, à la dissolution du mariage;
» l'assuré n'a aucune preuve de ce genre à faire, la charge de la preuve
» repose tout entière sur l'assureur ». N° 82.

1re Hypothèse. — *Tous les intéressés, assuré, créanciers opposants ou connus sont d'accord.*

L'assureur dans ce cas demandera d'eux un acte constatant les parts qu'ils se sont assignées entre eux sur l'indemnité non contestée en son quantum : ce sera le meilleur moyen de constater l'accord et, sur la présentation de cet acte signé de tous, l'assureur remettra les fonds. L'assureur, en effet, n'a aucun intérêt à ce que le règlement se fasse judiciairement entre les ayants droit alors qu'aucune contestation n'existe entre eux. D'ailleurs un règlement judiciaire ne lui offrirait pas plus de garanties qu'un accord intervenu entre parties capables ou dûment représentées ou assistées, emportant main-levée et décharge entière à son profit de toutes les saisies, oppositions ou attributions légales. Peu importe ici que l'indemnité soit insuffisante pour désintéresser les créanciers, puisqu'il n'existe pas de contestation.

2e Hypothèse. — *Les créanciers convoqués ainsi que l'assuré, il s'élève des contestations quelconques sur l'existence de certaines créances, sur le rang ou la validité de l'hypothèque ou du privilège qui y est attaché.*

L'assureur en aucun cas, n'a à se faire juge des difficultés soulevées, ou à attendre qu'elles s'apaisent; il a un moyen de se libérer et de se délivrer de tout souci : qu'il verse le montant de l'indemnité, tel qu'il a été fixé, à la caisse des dépôts et consignations où l'intérêt de l'argent déposé courra au profit de qui de droit.

Il sera toujours de l'intérêt de l'assureur, croyons-nous, de consigner quand il s'élève des contestations ; mais pour le cas bien invraisemblable où il ne croirait pas devoir le faire, l'un des intéressés, assuré ou créancier, pourrait-il l'y contraindre ? avec MM. Darras et Tarbouriech, nous répondons affirmativement ; en conservant l'indemnité, l'assureur ferait un bénéfice indu et s'exposerait à des poursuites ; l'esprit général de l'art. II de l'ordonnance du 3 juillet 1816 pourrait, à défaut d'une ordonnance sur requête spécialement obtenue, être invoqué pour servir de base à l'injonction adressée par l'intéressé à l'assureur. D'ailleurs, dans le cas où il pourrait y avoir des doutes sur la solvabilité de ce dernier, songerait-on à contester aux intéressés, le droit que nous jugeons leur appartenir ? non évidemment. Qu'on n'objecte pas, comme le fait remarquer M. Malapert (1), que l'assureur ne pourra valablement consigner, parce que toute consignation doit être précédée d'offres réelles (art. 267 du C. civ.) et d'une

____

(1) Voir dans le journal le « Droit », N^{os} des 26 et 28 juin 1889, les articles un peu pessimistes de cet auteur, sur l'application de notre loi et aussi dans le « Journal de l'assureur et de l'assuré », année 1889, pages 145 et suiv.

sommation d'assister au dépôt des fonds (art. 1259),
car on trouve, dans nos lois, des dispositious qui
autorisent la consignation sans offres réelles (1).

La consignation faite, le règlement se poursuit
entre les intéressés par voie d'ordre ou de contribution, procédure à laquelle l'assureur reste absolument étranger.

La caisse des dépôts et consignations, après la
clôture de l'ordre ou de la contribution, paiera à
chacun des intéressés la part d'indemnité qui lui
revient, sur la présentation des bordereaux de collocation (art. 770 du c. de procéd. civ.) ou des mande-
ments (art. 671) délivrés par le greffier, suivant les
cas. Il est évident que s'il y avait moins de quatre
créanciers attributaires, suivant l'art. 773, l'ordre
ne pourrait être provoqué dans la forme ordinaire ;
mais aux termes du même article, il se poursuivrait
alors par voie d'instance à l'audience, sur assignation
à la requête de la partie la plus diligente, sans autre
procédure que des conclusions motivées. Dans ce
cas, pour obtenir paiement, les intéressés se servi-
raient d'un extrait du jugement fixant leurs droits
et qui tiendrait lieu d'un bordereau de collocation.

Il est à noter que le législateur ne s'est préoccupé,

______

(1) M. Malapert cite les art. 777 du C. de procéd. civ., 54 de la loi
du 3 mai 1841, et 30 de la loi du 10 juillet 1885, qui en sont des
exemples indiscutables.

à aucun moment, d'une manière spéciale, des créanciers dont l'hypothèque légale produit effet indépendamment de toute inscription. On peut donc croire qu'il a voulu que le mineur, l'interdit et la femme mariée fussent traités comme les créanciers hypothécaires ordinaires; les mêmes règles leur sont applicables.

Les créanciers, munis d'une hypothèque occulte, ne pourraient donc se plaindre de ce que l'assureur a payé sans les rechercher; rien dans la loi ne l'y obligeait. Pour contester utilement le paiement fait par l'assureur, les créanciers, en question, devraient prouver sa mauvaise foi; ils devraient établir qu'ils s'étaient fait connaître ou qu'il les connaissait avant la distribution des deniers, à défaut de cette preuve leur poursuite serait sans effet.

Supposons maintenant que l'existence d'un créancier hypothécaire de ce genre, soit connue de l'assureur avant le paiement; une femme mariée, par exemple, lui a dénoncé son hypothèque légale; une difficulté se présente alors. Quelle part de l'indemnité devra-t-on lui attribuer? Il sera bien impossible de le dire; la créance garantie par son hypothèque est incertaine, non seulement dans son chiffre, mais encore dans son existence. On ne sera fixé sur ces deux points, qu'après la liquidation de la communauté, à la fin du mariage. Si elle consent à un arrangement ou à une renonciation, tout se simplifie;

mais, si pour un motif quelconque, elle ne veut pas renoncer à son hypothèque ou si elle ne le peut pas, si, par exemple, elle est mariée sous le régime dotal, que faire dans ce cas ? Nous pensons qu'on ne sortira de cette situation, qu'en consignant l'indemnité à la caisse des dépôts et consignations. C'est, nous semble-t-il, le seul moyen de ne pas préjudicier à l'hypothèque légale, et, d'autre part, tous les droits seront ainsi réservés (1). A la fin du mariage, le chiffre de la créance de la femme une fois connu, le paiement s'effectuera sans difficulté.

SECTION III.

Des paiements de bonne foi.

Il va sans dire que la bonne foi dont parle l'art. II quand il dit : « néanmoins, les paiements faits de » bonne foi avant opposition sont valables », doit se considérer chez celui qui paie et non dans la personne de celui qui reçoit. L'intention du législateur, ici, est claire : il faut éviter à l'assureur les ennuis et les dangers d'un nouveau paiement à un créancier se

---

(1) Voir dans le cours analytique de code civil par DEMANTE et COLMET DE SANTERRE, tome 9, N° 187 *bis*, IV, l'examen d'une difficulté analogue, résolue de la même façon.

révélant préférable à ceux qui ont été désintéressés, et d'un recours contre les créanciers payés à tort. Il nous sera, dès lors, plus facile de répondre à cette question : qu'est-ce qu'un paiement de bonne foi ? d'autant que nous avons eu précédemment l'occasion de dire quelques mots de la bonne foi de l'assureur (1).

Un paiement de bonne foi, pensons-nous, est celui que l'assureur, ou d'une façon générale, le débiteur d'indemnité, fera conformément à la connaissance qu'il a, au moment du paiement, des droits des créanciers que la loi déclare attributaires.

Cette connaissance, doit-il chercher à l'acquérir ? doit-il, par exemple, s'informer près du conservateur des hypothèques ? là est toute la question intéressante.

Nous répondons catégoriquement que non. Pourquoi ? parce que la loi ne le demande pas. Si elle l'avait voulu, elle n'aurait pas manqué d'imposer à l'assureur une formalité quelconque, de nature à lui faire acquérir cette connaissance. Que la loi ait eu tort ? c'est possible, et c'est une autre question, mais elle n'exige rien. On peut s'en étonner. En effet, le législateur ne comparait-il pas la situation de l'assureur redevable de l'indemnité, à celle de l'acquéreur débiteur du prix d'un bien grevé ? comparaison peu

---

(1) Voir le début des sections I et II du chapitre IV.

heureuse, d'ailleurs (1), quoi qu'il en soit, il n'a orga-
nisé pour l'assureur, rien qui rappelle la purge. En
l'absence d'une disposition quelconque, l'assureur
est donc libre de rechercher ou non les droits de
préférence qui peuvent exister sur l'indemnité dont
il est débiteur. En fait, il ne recherchera pas, car il ne
pourrait résulter pour lui de ses investigations que
des retards dans sa libération ou que de mauvaises
querelles, celle-ci une fois accomplie, sous prétexte
qu'il a mal recherché. Pourquoi, d'ailleurs, l'assureur
serait-il tenu de se préoccuper de créanciers qui ne se
font pas connaître. Il ne doit pas avoir plus de soin
qu'eux-mêmes de leurs intérêts. Mais, dira-t-on, il
peut se faire qu'ils ignorent l'existence de l'indemnité et l'ouverture de leurs droits, et, d'autre part, il
est évident que l'intention du législateur est de les
sauvegarder autant que possible. Rien de plus juste,
mais où voit-on que le débiteur de l'indemnité doive
se constituer le gardien des droits des créanciers, alors
que la loi ne l'y oblige pas ? le législateur seul ici est
en défaut, il aurait dû faciliter aux créanciers la
connaissance de l'ouverture de leurs droits sur
l'indemnité, par exemple, en empêchant l'assureur
de se dessaisir des deniers avant un certain délai, en

____

(1) Voir l'article de M. RAVETON dans la *Gazette des tribunaux* du
17 juillet 1889.

l'obligeant à lever un état des charges hypothécaires, en ordonnant une publicité quelconque; toutes choses qu'il n'a point faites. Nous conclurons donc en disant que l'assureur reste de bonne foi, par conséquent paie valablement, bien qu'il ne se soit pas efforcé de connaître les droits de préférence pouvant exister sur l'indemnité. Il peut donc, s'il n'y a pas eu d'opposition faite, ignorer au moment du paiement, s'il existait des hypothèques sur le bien sinistré, quoiqu'elles fussent inscrites sur le registre du conservateur. S'il le consulte, on ne saurait l'en blâmer, mais il n'y est pas tenu; son rôle vis-à-vis des créanciers est tout passif. Cette conclusion s'impose en présence de notre texte. Sa bonne foi, en dernière analyse, consistera dans l'ignorance ou dans la connaissance incomplète où il est des droits des créanciers attributaires et, dans tous les cas, il se libérera valablement s'il paie conformément à la connaissance qu'il a au moment du paiement. Une preuve, établissant le contraire, pourrait seule l'exposer à des poursuites (1).

Un jugement du tribunal de commerce de Vienne, du 11 août 1891, nous paraît avoir interprété notre loi dans ce sens.

---

(1) Ajoutons encore que cette interprétation est conforme à la pensée de M. Maunoury, rapporteur à la Chambre, où il disait : « L'article 2 » décide que si le débiteur d'indemnité a payé *avant de connaître* le » droit de préférence, il ne peut être tenu de payer deux fois. »

Voici, d'ailleurs, ce jugement dans sa partie principale :

« Le tribunal,

» Attendu que la Cie l' « *Urbaine* » déclare être
» prête à payer Givord de l'indemnité et s'en rap-
» porter à justice de l'application de la loi de 1889 ;

» Attendu que les créanciers opposants ont
» renoncé ;

» Attendu que dans ces conditions la Compagnie
» ne peut pas rechercher au moyen de l'examen
» hypothécaire, s'il existe d'autres créanciers pour
» leur verser la somme revenant à Givord ;

» Attendu que s'il en était ainsi, la loi aurait
» impérativement déclaré que la Compagnie ne
» pouvait valablement se libérer que sur la produc-
» tion d'un certificat négatif d'inscription ;

» . . . . Par ces motifs,

» Condamne la Cie l' « *Urbaine* » à payer avec
» intérêt, etc. »

SECTION IV

**Quid des droits de nos créanciers dans le cas de
rétablissement en nature des objets sinistrés.**

Le contrat d'assurance étant avant tout un contrat
de réparation, on comprend que l'obligation de

l'assureur ne doive se résoudre nécessairement en un paiement en argent. C'est ainsi que l'on rencontre parfois dans les polices la faculté pour l'assureur, au lieu de verser l'indemnité en argent, de rétablir en nature ou de réparer l'objet sinistré, ou d'obliger l'assuré à faire emploi de l'indemnité en réédifiant les constructions, surtout dans le cas où elles se trouvent élevées sur le terrain d'autrui. Ces clauses sont parfaitement conformes à l'esprit de l'assurance, cela est évident ; mais, ne pourrait-on dire que nos créanciers, depuis que la loi les déclare attributaires de l'indemnité, peuvent s'opposer à leur exécution ? Nous ne le pensons pas. En effet, nos créanciers vont bénéficier de l'assurance *comme leur débiteur* aurait pu le faire et *sous les mêmes conditions*. Le droit ou la faculté stipulée par l'assureur est opposable aux créanciers attributaires comme à l'assuré, ils doivent subir toutes les clauses du contrat. L'attribution légale à leur profit n'affecte le droit de l'assuré que tel qu'il sera fixé après le sinistre par l'assureur et l'assuré. Il ne leur appartient donc pas, si ce droit est soumis par le contrat même à une alternative, d'imposer l'option qui leur conviendrait. Pourquoi se plaindraient-ils d'ailleurs dans le cas où l'assureur s'arrête au rétablissement en nature? Ne leur restitue-t-il pas leur gage sous la forme antérieure au sinistre ?

Le législateur belge, comme on a pu le voir,

réserve toujours le droit de l'assureur au rétablissement en nature, sans qu'il soit stipulé dans la
police (1). On pourrait désirer dans notre législation
la présence d'une disposition de ce genre. Ce qui
serait désirable aussi, c'est la reconnaissance du droit
à l'assuré, dans tous les cas (2) et malgré l'existence de créanciers privilégiés ou hypothécaires, de
faire emploi de l'indemnité pour la réparation des
objets sinistrés. Comme on le verra, la loi italienne
de 1887, organisant le crédit agricole, contient un
article conçu en ce sens. Quoi qu'il en soit, dans l'état
actuel de notre législation, quelle solution faut-il donner à cette question : en l'absence de toute clause,
l'assuré a-t-il le droit d'employer l'indemnité à rétablir
en nature les objets détruits par le sinistre ? Nous
pensons avec MM. Darras et Tarbouriech que la
réponse à cette question comporte une distinction ;
mais contrairement à leur avis (3), nous disons qu'en
principe l'assuré ne possède pas ce droit. En effet, si
les créanciers attributaires invoquent des créances
dont l'échéance est antérieure au sinistre, il paraît
impossible d'accorder à l'assuré le droit de s'opposer
à ce que l'indemnité exigible soit employée à les

---

(1) Voir plus haut la fin de la section II du chapitre I.

(2) Voir plus loin le chapitre consacré à la législation étrangère.

(3) Voir les *Annales du droit commercial*, année 1890, N° 81 *in fine*.

désintéresser, d'autre part, dans le cas où la dette garantie par le privilège ou l'hypothèque n'est pas encore exigible au moment où l'indemnité est payable, l'assuré ne pourra rétablir en nature le bien sinistré qu'avec l'agrément des créanciers. Nous raisonnons par analogie de ce qui se passe dans le cas prévu par l'art. 2131 du C. civ. : « pareillement, dit cet article, en cas que l'immeuble ou les immeubles présents, assujettis à l'hypothèque, eussent péri, ou éprouvé des dégradations de manière qu'ils fussent devenus insuffisants pour la sûreté du créancier, celui-ci pourra ou *poursuivre dès à présent son remboursement*, ou obtenir un supplément d'hypothèque. » Le supplément d'hypothèque est sans doute tout indiqué, il portera sur la réparation ou la reconstruction du bien sinistré, n'est-ce point l'équivalence de ce dont la garantie hypothécaire avait été diminuée par le sinistre ; mais, il n'en est pas moins vrai qu'il faut que le créancier l'accepte.

DEUXIÈME PARTIE

De l'attribution des indemnités dues par suite d'assurances de « responsabilité ».

NOTIONS SOMMAIRES

« *En cas d'assurance du risque locatif ou du* » *recours du voisin, l'assuré ou ses ayants droit ne* » *pourront toucher tout ou partie de l'indemnité sans* » *que le propriétaire de l'objet loué, le voisin ou le* » *tiers subrogé à leurs droits, aient été désintéressés* » *des conséquences du sinistre.* »

En cas d'assurance du risque locatif ou du recours du voisin... dit notre art. III; voyons donc brièvement en quoi consiste ces deux assurances.

Quand un locataire traite avec un assureur en vue de se prémunir contre les conséquences pécuniaires de la responsabilité qu'il encourrait le cas échéant, par application de l'art. 1733, il y a assurance du risque locatif.

Quand le propriétaire d'une maison traite avec un

assureur en vue de se garantir contre la responsabilité pécuniaire qu'il encourrait au cas où un incendie commencé dans sa maison, se communiquerait à la maison voisine : il y a assurance contre le recours du voisin.

Comme on le voit, ces deux assurances sont absolument différentes de celles que visait l'art. 2 ; elles n'ont point pour but de garantir l'assuré contre la destruction d'un bien, cette destruction lui est en principe indifférente, mais contre la *responsabilité pécuniaire* qu'il pourrait encourir à raison de cette destruction.

Dans ces deux hypothèses, comme d'ailleurs dans tous les cas d'assurance de responsabilité, l'assureur ne doit pas l'indemnité par le seul fait du sinistre, mais seulement au cas où, le sinistre arrivé, l'assuré est poursuivi en responsabilité. L'assuré n'a en somme contre l'assureur, qu'une action en garantie et non une action en paiement. De leur côté, les victimes des sinistres n'ont aucune action contre l'assureur de la responsabilité, aucun lien de droit n'existant entre eux, ils ne peuvent atteindre directement que le responsable. Toutefois, si ce dernier poursuivi, négligeait d'appeler l'assureur en garantie, la victime du sinistre, connaissant l'assurance, aurait qualité pour exercer l'action en garantie en son nom et incidemment à l'action principale en responsabilité et cela conformément à l'art. 1166 du C. civil.

Ces quelques points précisés, demandons-nous quel est le sens général de notre article. Il veut assurer au bailleur ou au voisin, victimes d'un incendie, le paiement par préférence à qui que ce soit, des indemnités d'assurances contre les risques locatifs ou les risques de voisinage. Plus brièvement, il veut que l'indemnité aille là où se trouve le préjudice. Rien n'est plus conforme à la justice.

Comment a-t-il pu se faire que cette solution d'une équité indiscutable, n'ait pas toujours été reconnue? On peut se le demander. Quoi qu'il en soit, la jurisprudence et la majorité des auteurs, avant notre loi, y étaient opposées. Voyons donc brièvement comment on raisonnait en droit pour la repousser ; l'examen des principes juridiques antérieurs et des conséquences pratiques auxquelles ils aboutissaient, feront d'ailleurs mieux comprendre le but et la portée de notre nouvelle disposition.

CHAPITRE Ier

DOCTRINE ET JURISPRUDENCE ANTÉRIEURES

L'indemnité d'assurances dans les deux cas, disait-on, doit être considérée comme étant le gage commun des créanciers de l'assuré ; le bailleur ou le voisin, victimes de l'incendie, n'ont aucune cause de préférence, ils seront traités comme eux, à moins d'une délégation ou d'une subrogation expresse (1). Voici comment on raisonnait. D'une part, l'assuré, en faisant garantir ses risques locatifs ou de voisinage a stipulé dans son intérêt propre, pour son compte personnel et non dans l'intérêt ou pour le compte du

---

(1) Deux anciens arrêts de la Cour d'appel de Paris, avaient cependant essayé de soustraire le bailleur au concours des autres créanciers du locataire. Cette jurisprudence ne fut point suivie ; non pas que la solution qu'elle s'efforçait de faire prévaloir ne fût point jugée bonne, mais les arguments proposés paraissaient insuffisants. Voir BONNEVILLE, DE MARSANGY, arrêt du 13 juin 1837, 2e partie, p. 33 et arrêt du 29 mars 1855, 2e partie, p. 169 ; ce dernier arrêt accorde au voisin sinistré une action directe contre l'assureur de la personne responsable.

propriétaire ou du voisin ; l'art. 1121 ne saurait trouver ici son application. Lui seul, en cas de sinistre, peut réclamer le bénéfice du contrat, il a seul une action *directe* en paiement de l'indemnité ; aucun lien de droit n'existant entre l'assureur et le propriétaire ou le voisin victimes de l'incendie.

D'autre part, comme les privilèges ne résultent que d'un texte de loi, et qu'aucun texte n'accorde de privilège au propriétaire ou au voisin, victimes de l'incendie, sur l'indemnité due au responsable en raison d'assurances de risques locatifs ou de voisinage, ce propriétaire ou ce voisin lésés ne peuvent invoquer aucune cause légitime de préférence sur cette indemnité (1).

On était d'accord pour repousser ici l'application de l'art. 2102, le privilège du bailleur ne s'étendant que sur les biens meubles *garnissant les lieux loués* (2).

Tels étaient, au résumé, les arguments sur lesquels on s'appuyait. Comme conséquence, dès que l'indemnité due par l'assureur des risques locatifs ou de voisinage était devenue liquide et exigible, elle tombait dans le patrimoine du locataire ou du voisin

---

(1) Voir notamment l'arrêt de la Cour de cassation du 31 décembre 1862, rapporté dans B. de Marsangy, 1re partie, p. 103.

(2) Voir AUBRY et RAU, tom. III, p. 140 et note 10, et LAURENT, tom. XXIX, N° 145.

responsable. Celui-ci pouvait alors la céder à qui bon lui semblait. Ne la cédait-il pas ? elle devenait le *gage commun* de tous ses créanciers . parmi lesquels le propriétaire ou le voisin lésé.

Ce raisonnement, bien que parfaitement juridique, n'aboutissait pas moins dans la pratique à des conséquences absolument iniques et contraires à l'ordre public, notamment dans le cas d'insolvabilité de la personne responsable du sinistre. Dans ce cas, en effet, la victime de l'incendie, ou son assureur subrogé dans ses droits , pouvait voir l'indemnité afférente aux risques locatifs ou au recours de voisinage, absorbée soit complètement par un cessionnaire du responsable, soit en majeure partie par la masse de ses créanciers. Dans ce cas encore, les créanciers du locataire ou du voisin éventuellement responsable, se trouvaient grandement intéressés à ce que le sinistre eût lieu, puisque , grâce à l'incendie , ils voyaient le patrimoine de leur débiteur, c'est-à-dire leur gage, se grossir du montant d'une indemnité quelquefois considérable , payée à l'occasion de la perte d'une chose qui, cependant, n'avait jamais fait partie de ce patrimoine, ni par conséquent de ce gage. Ainsi, dans tous les cas, ils tiraient un profit du malheur d'autrui, alors même parfois qu'ils en étaient la cause criminelle. Ce résultat scandaleux, dû à une lacune de notre législation, était, est-il besoin de le dire . vigoureusement combattu par les victimes des sinistres, comme par les Compagnies (1) d'assurances.

Depuis longtemps déjà, les intéressés s'entendaient afin de l'empêcher de se produire ; et en fait ils y parvenaient d'une manière satisfaisante.

L'assureur du responsable se mettait en rapport avec le sinistré ou son assureur subrogé dans ses droits, puis ils faisaient entre eux le raisonnement suivant : sans doute le locataire (1), qui a fait assurer ses risques locatifs, a stipulé pour son compte personnel et dans son propre intérêt, mais, l'objet de cette stipulation, ce n'est pas une indemnité en cas de sinistre, c'est une *garantie* en cas de réclamation du sinistré. Tant que celui-ci ne réclame rien au responsable, ce responsable n'a rien lui-même à réclamer à son assureur. Si nous pouvons nous entendre afin d'éviter que l'indemnité devienne exigible, si aucune poursuite n'est exercée contre le locataire, il sera bien impossible alors qu'elle tombe dans le patrimoine de celui-ci, peut-être insolvable, ou qu'elle soit absorbée

---

(1) Comme elles consentent toutes des assurances directes et des assurances de responsabilité, elles avaient le même intérêt à ce que les indemnités dues à raison de ces dernières assurances ne fussent pas absorbées par les cessionnaires ou les créanciers des locataires ou des voisins responsables, au détriment des assureurs subrogés dans les droits des sinistrés.

(1) Le raisonnement s'applique tout aussi bien à l'assurance des risques de voisinage.

en totalité ou en partie par des cessionnaires ou des créanciers.

Les intéressés, est-il besoin de le dire, tombaient vite d'accord sur le chiffre de l'indemnité et le sinistré ou son assureur donnait quittance en signant en même temps un désistement de tout recours contre le locataire responsable.

L'indemnité qu'il touchait ainsi était toujours légèrement inférieure à celle qu'il aurait pu réclamer au responsable, mais il se hâtait de l'accepter, ayant la certitude de ne subir le concours d'aucun créancier de l'assuré. En cas de faillite ou de déconfiture du locataire, le propriétaire avait intérêt à accepter toute offre supérieure au dividende présumable ou déjà connu.

La jurisprudence avait dû reconnaître la légitimité de ces transactions. La Cour de Nancy (1) et après elle la Cour de cassation (2) les avaient formellement sanctionnées. Comme l'a fait remarquer la *Gazette des tribunaux* (3), dans un article paru à l'occasion de cette jurisprudence, cet arrangement ne peut donner lieu à aucune critique ni paraître frauduleux, « nul

____

(1) Arrêt de la cour de Nancy du 20 mars 1875, rapporté dans Bon-neville de Marsangy, première partie, page 208.

(2) Arrêt de la cour de cassation du 5 février 1878 rapporté dans le même recueil, même partie p. 209.

(3) *Gazette des tribunaux*, N° du 11 février 1880.

ne saurait considérer comme une fraude le fait, de prendre entre deux voies, la plus avantageuse. Le propriétaire a le choix : il peut exercer son droit et subir sur sa créance une perte considérable, ou renoncer à l'exercice de ce droit et n'éprouver qu'une perte minime ; ce n'est assurément pas de sa part commettre une fraude que de choisir le parti qui limite ses pertes ». Personne ne pouvait se plaindre et personne n'avait d'action pour contester la validité de ce traité. Le responsable n'avait de réclamations à adresser à qui que ce fût, sa responsabilité n'ayant pas été mise en jeu. Quant à ses ayants droit, ils ne pouvaient arguer d'un préjudice, puisque le droit du locataire à l'indemnité était affecté d'une condition (1) : la condamnation en responsabilité vis-à-vis du propriétaire, et que cet événement ne s'était pas réalisé.

La conclusion qui se dégage de cet examen rétros-

----

(1) « Attendu, dit l'arrêt de la Cour de Nancy, que l'assureur du » locataire n'étant ainsi débiteur que sous condition suspensive, a » droit et intérêt à prévenir l'accomplissement de la condition qui le » rendrait débiteur pur et simple ;

» Qu'il peut donc légitimement s'entendre avec le propriétaire de » l'immeuble incendié, pour prévenir les conséquences de son action, » en le désintéressant ou en transigeant avec lui ; — que. s'il y parvient, » son obligation conditionnelle envers le locataire est éteinte, aux » termes des articles 1176 et suivants du code civil, la condition étant » censée défaillie, lorsqu'il est certain que l'événement dont elle » dépendait n'arrivera pas, etc. »

pectif, c'est que la pratique était parvenue à établir un privilège, qui n'existe pas dans la loi, au profit des sinistrés, sur l'indemnité due par suite d'assurance de responsabilité, dans les deux cas qui nous occupent. Le droit exclusif de la personne lésée sur l'indemnité d'assurance de responsabilité, est tellement dans la nature des choses, que les nécessités de la pratique l'ont imposé, alors que les règles du droit ne paraissaient pas permettre de le reconnaître.

Cependant MM. Darras et Tarbouriech pensent avec raison, croyons-nous, qu'il eût été possible avant notre loi, de le consacrer. Suivant eux, une meilleure compréhension de la nature de l'assurance de responsabilité et des principes généraux du contrat d'assurance, aurait pu déterminer la jurisprudence comme la doctrine à reconnaître le droit exclusif des personnes lésées sur les indemnités dues au responsable. Nous croyons devoir exposer brièvement la théorie proposée par eux à ce sujet.

1° *Le droit exclusif au profit des personnes lésées se dégage de l'analyse de l'assurance de responsabilité.*

Ce que l'assuré a stipulé, c'est non pas une indemnité ou une somme d'argent, mais une garantie contre la responsabilité qu'il pourrait encourir. Cette garantie se traduira généralement, mais non nécessairement, par le paiement d'une somme, et sera limitée par le montant même de l'assurance stipulée ; mais, sa réalisation ou sa limitation, ne peut avoir pour effet, d'en changer la nature, elle demeure une garantie, c'est-à-dire un fait : la décharge de responsabilité totale ou partielle vis-à-vis de la personne lésée. Tel a été l'objet de la stipulation de l'assuré. L'assureur, de son côté, qu'a-t-il promis, sinon en cas de poursuite de responsabilité, de prendre le fait et cause de l'assuré responsable vis-à-vis du poursuivant, victime de l'incendie ? Au résumé, l'assureur est tenu vis-à-vis de l'assuré d'*une obligation de faire* et non d'une obligation de donner, sur laquelle ne peut s'ouvrir aucune contribution au profit des créanciers de ce dernier et l'assureur, ne doit normalement se libérer, vis-à-vis de l'assuré, qu'entre les mains de la personne lésée, qu'il indemnisera suivant le contrat, au lieu et place de l'assuré. S'il en était autrement, l'assurance aurait manqué son effet naturel. L'assuré, sans doute peut, à la rigueur, indemniser directement le poursuivant et réclamer ensuite à l'assureur le montant de la garantie qu'il avait stipulée, mais ce n'est pas là, étant donnée l'existence d'une assurance de responsabilité, la voie normale. En tout cas, si l'assuré l'a suivie, il n'a fait, vis-à-vis de l'assureur, que retourner les rôles et dénaturer son obligation, en prenant momentanément à sa charge la responsabilité que l'assureur avait acceptée. En droit donc, l'indemnité d'assurance de responsabilité est régulièrement et exclusivement destinée à la victime de l'incendie quand le contrat est normalement exécuté.

2° *Les principes généraux du contrat d'assurance imposent encore cette solution.*

En effet, un principe d'ordre public domine notre matière, on peut le formuler de la façon suivante : l'assurance ne doit être qu'un contrat d'indemnité. Elle ne peut être pour l'assuré ou ses ayants droit une cause de bénéfice. C'est à tort, comme le remarquent les commentateurs dont nous résumons l'opinion, que la cour suprême a prétendu en faire une règle spéciale aux rapports de l'assureur et de l'assuré. C'est méconnaître son sens et sa portée que d'affirmer qu'elle ne s'applique pas aux rapports de l'assuré avec les tiers, et qu'elle signifie seulement, que l'assurance ne peut jamais dépasser la valeur de la somme assurée. La vérité est qu'elle porte à la fois sur la limitation de l'obligation de l'assureur, et sur la détermination des personnes qui doivent bénéficier de l'indemnité. Or, le bon sens le dit et l'ordre public l'exige, l'indemnité doit aller à ceux qui éprouvent par le sinistre un préjudice, et à ceux-là seulement : ici, au propriétaire ou au voisin. Si on s'écarte de cette conclusion, il arrivera, surtout au cas d'insolvabilité de l'assuré, que ses créanciers feront un bénéfice indu, qui aura pour cause le malheur d'autrui, résultat absolument inique. Il est impossible de le nier. MM. Darras et Tarbouriech en donnent un exemple probant : une personne a 100.000 fr. de dettes et pas un sou d'actif ; logée dans un immeuble valant 100.000 fr. et ayant assuré ses risques locatifs pour une somme égale, le feu, par son imprudence, vient à détruire cet immeuble ; l'assureur est donc tenu à une garantie équivalente à 100.000 fr. Suivant la jurisprudence que nous combattons, cette créance tombe dans l'actif de l'assuré et on arrive alors à ce résultat inadmissible : les créanciers qui n'auraient rien retiré de l'actif de leur débiteur, puisqu'il était nul, vont toucher un dividende de 50 %. Quant à la victime du sinistre, elle ne sera indemnisée que de la moitié du préjudice qu'elle a subi, alors que l'assureur dans l'espèce aurait pu l'indemniser de la totalité. L'assurance n'a pas atteint son but véritable, puisqu'elle va servir à désintéresser en partie les créanciers auxquels le locataire n'avait nullement songé en s'assurant ; bien que l'assureur ait payé la somme maximum à laquelle pouvait s'élever la garantie promise ; on peut dire que l'assurance a manqué son effet utile.

La jurisprudence donc consacrait une iniquité, en même temps qu'elle violait ce principe que l'assurance est un contrat d'indemnité, de réparation, et qu'il ne peut être une source de bénéfices pour personne en dehors de l'assureur, pour qui l'assurance est un commerce.

On se rappelle qu'en examinant, à propos de l'attribution légale de l'art. 2, l'état de la doctrine antérieurement à notre loi, nous avions noté au passage, une théorie des privilèges sur les créances dont M. Labbé est l'auteur, et qu'il croyait pouvoir appliquer à la créance d'indemnité d'assurance contre les sinistres. Suivant l'éminent professeur, elle trouverait encore son application dans les deux cas d'assurances de responsabilité dont parle notre art. 3.

Il faut convenir qu'ici, cette théorie, si elle pouvait être acceptée, aurait merveilleusement son emploi.

Voici comment s'exprime M. Labbé : « jusqu'à présent, le privilège reconnu reposait sur cette idée principale que le créancier privilégié avait fourni les éléments avec lesquels s'était formée l'obligation affectée du privilège. Une considération nouvelle va nous guider dans la reconnaissance de privilèges sur les créances. La voici : un recours qui naît d'une action personnelle par nous exercée, doit nous profiter exclusivement. La raison conçoit le motif de la préférence. Pourquoi la masse des créanciers bénéficierait-elle d'une créance qui est née au profit du débiteur commun, uniquement parce qu'il est obligé envers moi et que je l'ai poursuivi ? Il n'a de recours que parce que je l'actionne. Les autres créanciers n'ont rien à voir et à prétendre dans une créance qui, sans moi, sans ma volonté, sans mon action,

n'existerait pas au profit du débiteur commun » (1)...
« Le voisin lésé est fondé à dire aux autres créanciers :
sans le dommage que j'éprouve et la créance qui en
résulte, l'assureur ne devrait pas l'indemnité liti-
gieuse. C'est donc à raison d'une perte que je subis,
que notre débiteur commun est créancier du montant
de l'assurance. Si vous prenez part égale dans cette
somme, vous vous serez injustement enrichis à mon
préjudice. » Tout cela est d'une logique parfaite,
malheureusement toutes les raisons qu'on pourrait
accumuler pour démontrer, comme le fait M. Labbé,
l'utilité ou même la nécessité d'un privilège, au
profit du voisin et du bailleur lésés, ne feront pas
que ce privilège existe: on ne peut admettre de
privilège sans textes. Il est certain que ce privilège,
si désirable qu'il fût, n'existait pas avant 1889.
Notre loi l'a-t-elle fait naître? est-elle le texte qui
le contient? Nous ne le pensons pas.

---

(1) Voir la *Revue critique*, 1876, pages 679 et 681.

CHAPITRE II

EXAMEN DU § II DE L'ART. III

SECTION I.

But de cette disposition. — Son insuffisance.

M. Lenoël fit connaître au Sénat, dans la séance
du 2 février 1888, l'anomalie résultant de l'état de la
législation et de la jurisprudence, au cas d'assurance
contre les risques locatifs ou de voisinage et dont
était victime, contrairement au bon sens et à l'équité,
le propriétaire ou le voisin sinistrés. Il fit connaître
également les transactions et les marchés que la
situation faite aux sinistrés avait rendu d'un usage
si fréquent, en exprimant le regret que la personne en
vue de laquelle avait été contractée l'assurance, c'est-
à-dire le propriétaire ou le voisin, en fût réduite à
recourir à de pareils moyens pour obtenir une part
seulement du bénéfice de l'assurance et non son
montant intégral. La disposition additionnelle qu'il

réclamait devait, selon lui, conférer au bailleur ou au voisin, une protection suffisante pour garantir dans tous les cas, à leur profit, le bénéfice entier de l'indemnité, il demandait, pour eux, l'attribution édictée dans l'art. 2. Le Sénat reconnut le bien fondé de ces remarques, tout en déclarant « qu'il n'y avait pas lieu de créer de nouveaux privilèges (1). » D'autre part, M. Lacombe (2), auteur du texte que le Sénat adopta, s'exprimait en ces termes, après avoir rappelé, lui aussi, l'importance de la situation légalement faite aux victimes en présence des cessionnaires de l'indemnité ou des simples créanciers du responsable :

« Il y a là une situation anormale à laquelle mon
» article additionnel a pour but de remédier ; il
» dispose qu'en cas d'assurance du risque locatif ou
» du recours du voisin, l'indemnité ne pourra être
» perçue par le locataire, soit par le voisin, soit par
» leurs ayants droit, c'est-à-dire par leurs créanciers
» ou cessionnaires qu'après que le propriétaire ou le
» voisin auront été désintéressés des conséquences
» du sinistre. » Si M. Lacombe et le Sénat ont cru qu'une pareille disposition était le remède vraiment efficace, il est à craindre qu'ils ne se soient trompés,

----

(1) Séance du 10 février 1888. Discours de M. Labiche, rapporteur.
(2) *Journal officiel.* Déb. Parl. Sénat, 1888, page 254.

car enfin quelle était l'intention du législateur ? il voulait, conformément à la justice et à la raison, que l'indemnité servît exclusivement à réparer les conséquences du sinistre. Pourquoi, alors, n'avoir pas dit tout simplement que l'indemnité est, de plein droit, dévolue à la personne lésée par l'incendie, qui la réclamera directement à l'assureur ? pourquoi, au lieu d'aller droit au but, recourir à un moyen détourné par une formule susceptible d'être mal interprétée. Le législateur se contente d'arrêter l'indemnité, de la frapper d'une sorte de droit de rétention entre les mains de l'assureur, jusqu'à ce que le responsable ait réparé le dommage en désintéressant complètement la victime. Mais si, pour une raison quelconque, il ne le fait pas, ou ne peut pas le faire ? s'il est insolvable, par exemple ? la loi n'a accordé à la victime aucun moyen invincible d'arriver à toucher l'indemnité. Si la victime s'adresse au responsable, lui disant : puisque vous ne pouvez pas me payer, je vais exercer, en votre nom, vos droits contre l'assureur, celui-ci pourrait légalement lui faire cette réponse : « l'assuré ne pourrait, lui-même, réclamer l'indemnité que s'il vous avait désintéressé. Vous prétendez exercer des droits, vous ne pouvez le faire qu'en subissant la loi qui lui est imposée. Vous a-t-il désintéressé ? non, je ne dois donc rien. »

La présence de l'assuré appuyant la demande du sinistré, ne modifierait en rien la situation de ce dernier ; l'assureur de mauvaise foi, se retranchant derrière la loi, pourrait tenir encore le même langage.

Ainsi, le texte tel qu'il est rédigé, paraît acculer le propriétaire ou le voisin à une sorte d'impasse. Une pareille rédaction est inconcevable, quand on songe au but qu'on se proposait.

Il faut convenir que le législateur aurait pu très utilement s'inspirer de l'art. 38 de la loi belge du 11 juin 1874, qui dispose : « En cas d'incendie d'un » immeuble, l'indemnité due au locataire qui a fait » assurer le risque locatif est dévolue au propriétaire » de l'immeuble à l'exclusion des créanciers de » l'assuré. De même l'indemnité due par l'assureur » des risques du recours des voisins, appartient » exclusivement à ceux-ci. Le tout sans préjudice » des droits du propriétaire ou des voisins, dans le » cas où l'indemnité ne les couvrirait pas de la perte ». Voilà une disposition claire et qui dit bien ce qu'elle veut dire.

Outre la rédaction si défectueuse de notre texte, on s'explique mal la timidité du législateur français qui recule devant la nécessité de créer un privilège, qui seul eût protégé, d'une façon toujours efficace, les victimes du sinistre.

SECTION II

De la portée et des effets du § II de l'art. III.

Seules, d'après notre texte, les indemnités dues par suite d'assurance du risque locatif ou du recours du voisin, sont frappées d'indisponibilité entre les mains de l'assureur dans l'intérêt des victimes de l'incendie. On peut se demander quelle est la raison de cet exclusivisme ? La réforme que l'on voulait faire aurait dû être étendue à tous les cas d'assurances de responsabilité ; les mêmes motifs d'utilité et d'équité se retrouvaient partout. Pourquoi, par exemple, l'assurance contractée par le propriétaire contre la responsabilité vis-à-vis de ses locataires (art. 1721 du C. civ.) ne serait-elle pas traitée comme l'assurance contre les risques locatifs ? Ne pourrait-on dire que l'on s'inspirera de l'intention première du législateur, et qu'on étendra le principe si équitable, en vertu duquel le bénéfice de l'assurance doit aller là où sont le dommage et le préjudice ? la question est embarassante. M. Lenoël, dans la séance du 2 février 1888 (1), demandait au Sénat de com-

------

(1) *Journal officiel*, déb. parl. Sénat 1888, p. 81.

prendre dans la disposition qu'il réclamait, l'assurance de la responsabilité du patron envers ses ouvriers en cas d'accident. Ni le Sénat, ni la commission, ne firent droit à cette demande; l'intention du législateur n'était-elle pas de faire du § 2 de l'art. 3, une disposition toute spéciale aux cas qu'elle prévoyait? Depuis, il est vrai, un projet de loi relatif aux accidents du travail a été soumis au parlement et accorde aux victimes d'accidents, le privilège de l'art. 2102, sur l'indemnité d'assurance ; mais ce projet n'est pas encore définitivement adopté. Nous inclinons plutôt à croire que le législateur de 1889, a voulu faire de notre article une disposition restrictive, l'esprit général de la loi nous incite à le penser.

Parmi les personnes appelées à recueillir le bénéfice de la disposition nouvelle, outre le voisin et le propriétaire, notre article cite les tiers subrogés à leurs droits. Que faut-il entendre par cette expression? Il faut entendre toute personne qui se trouve substituée au voisin ou au propriétaire, dans l'exercice de leur recours, par l'effet, soit d'une novation (art. 1271, 3° du C. civ.), soit d'une cession (art. 1689), soit d'une subrogation (art. 1249). Le plus généralement, le tiers subrogé sera l'assureur direct du propriétaire ou du voisin sinistrés, et cela en vertu d'une clause que les polices contiennent ordinairement, attribuant à l'assureur qui paie l'indemnité, les actions ou recours que l'assuré lui-même, pourrait avoir contre l'auteur responsable de l'incendie de la chose assurée. Il est bien évident, qu'au cas où l'indemnité aurait dédommagé insuffisamment le propriétaire sinistré, le recours contre le responsable ou son assureur serait poursuivi concurremment par le propriétaire et par son assureur subrogé dans ses droits dans la mesure où il l'a dédommagé ; et cela sans préférence et chacun pour leur part.

Mais qu'on se garde bien de croire que l'expression « tiers subrogé » puisse s'appliquer aux créanciers qui possédaient un privilège ou une hypothèque sur le bien sinistré ; il n'est pas question d'eux ici, leurs droits ayant été définis par l'art. 2 et par l'art. 3, § Ier.

Sans attacher grande importance à la lettre même de notre texte, qui nous conduirait à des difficultés sans issue, et en prenant comme guide l'intention véritable du législateur et le but qu'il s'est proposé, voyons en terminant comment pratiquement il peut être tiré parti de la loi nouvelle en vue du dédommagement des sinistrés et aussi en vue de la libération du responsable et surtout de son assureur.

Ce que le législateur a voulu, à n'en pas douter, c'est que les responsables ou leurs ayants droit, cessionnaires ou créanciers, ne puissent détourner tout ou partie de l'indemnité de sa destination naturelle, qui est de servir exclusivement à la libération des dits responsables ; ce qu'il a voulu en même temps, c'est que la somme due par l'assureur du responsable profite uniquement à celui qui a été victime du sinistre. Par conséquent, conformément à ces deux idées, le responsable pourra exiger de l'assureur la délivrance des deniers, non seulement dans le cas où il justifie par une quittance que la victime du sinistre *a été déjà* désintéressée par lui, mais encore dans le cas où il justifie *qu'il va* la désintéresser avec l'indemnité (1). Et la meilleure justification qu'il pourra invoquer, sera la présence même de la victime, disposée à signer avec lui la quittance de l'assureur.

La présentation d'une quittance collective portant les deux signatures et mentionnant l'emploi qui doit être fait des deniers, serait encore une justification suffisante ; en pratique, elle est d'ailleurs actuellement d'un usage courant. La signature du sinistré n'est-elle pas une attestation suffisante de l'entente qui existe entre lui et le responsable porteur de la quittance ?

Ce que peut faire le responsable, le sinistré lui-même, croyons-nous, ou son assureur subrogé dans ses droits, le pourrait également. On ne saurait lui refuser la faculté, comme exerçant les droits du responsable (art. 1166), d'exiger de l'assureur délivrance

-----

(1) Voir *Le Moniteur des Assurances*, 1889, p. 142.

de l'indemnité. L'initiative prise par le créancier, dans l'hypothèse de l'art. 1166, n'est-elle pas comme le dit Mourlon (1), l'équivalent d'un mandat tacite donné par le débiteur, l'assuré responsable dans l'espèce, mandat, non de toucher à sa place, puisqu'il ne le peut seul, mais de le représenter. Le sinistré, en agissant ainsi, ne va-t-il pas réunir sur sa tête les deux personnalités dont le concours paraissait tout à l'heure suffisant pour que l'assureur puisse payer conformément à l'intention du législateur. — Les autres créanciers du responsable ne pourraient être admis à exercer valablement l'action dont il s'agit, puisque, et en cela le texte de la loi est conforme à son esprit, il leur est défendu comme à leur débiteur, le responsable, « de toucher tout ou partie de l'indemnité, sans que le propriétaire de l'objet loué, le voisin ou le tiers subrogé à leurs droits aient été désintéressés des conséquences du sinistre ».

En interprétant le texte contre les créanciers de la personne responsable autres que le sinistré, en faveur duquel la loi a été faite, on suivra toujours, croyons-nous, l'intention du législateur.

Mais, dira-t-on, la loi ne confère au créancier qui exerce l'action de l'art. 1166 aucun droit privatif ou

---

(1) Voir Mourlon. *Répétitions écrites sur le Droit civil*, tom. II, p. 654.

exclusif sur le bénéfice de cette action (1), par conséquent, l'indemnité ne saurait être que le gage
commun des créanciers opposants du locataire ou du
voisin, elle doit être distribuée entre eux, au prorata
de leurs créances.

Sans doute, c'est là un principe incontestable,
mais, ne supporte-t-il pas quelques exceptions ? Ne
reconnaît-on point ¡parfois un exercice privilégié de
notre action, au profit de certains créanciers ? Par
exemple, dans les hypothèses prévues par les
art. 1753 et 1798 du C. civ. (2) ; le bénéfice de l'action appartient bien alors exclusivement au créancier
demandeur. Ne pourrait-on, en présence de notre
texte, et l'intention du législateur étant connue,
admettre une nouvelle exception au profit du propriétaire ou du voisin sinistré ? Pour notre part, nous
serions très disposé à le faire. La Cour de Nancy,
dans un arrêt tout récent, va plus loin (3) : en confir-
mation d'un jugement du tribunal d'Épinal (4), elle
décide que le propriétaire d'un immeuble sinistré ou
l'assureur subrogé dans ses droits, est investi vis-à-
vis de la Compagnie d'assurances qui a garanti la

---

(1) V. Fuzier-Herman. *Code civil annoté*, art. 1166, Nᵒ 129.

(2) V. Laurent. *Principes de droit civil français*, tom. XVI, Nᵒ 409.

(3) Arrêt du 13 mai 1893. V. *Le Moniteur des Assurances*, Nᵒ du
15 décembre 1893, p.533.

(4) Du 10 novembre 1892. Voir D. P., 1893, 2, 524.

responsabilité du locataire, d'une *action directe et personnelle*. Voici d'ailleurs, comment s'exprime cet arrêt dans la partie qui nous intéresse :

« La Cour ; — Attendu que la compagnie d'assu-
» rances *Le Phénix* ne figure pas dans l'instance
» comme représentant Lhote, locataire de la maison
» incendiée; qu'elle n'exerce pas l'action appartenant
» à Lhote, mais qu'elle agit comme étant subrogée
» aux droits de Villemin, propriétaire de l'immeuble;

» Attendu que Villemin est investi vis-à-vis de
» la compagnie *La Mutualité Générale*, qui a garanti
» les risques locatifs de Lhote, *d'une action directe*
» *et personnelle* qu'il puise dans les dispositions de
» la loi du 19 février 1889 ;

» Attendu que cette loi en complétant la législation
» antérieure et en donnant au propriétaire une *attri-*
» *bution directe* sur l'indemnité d'assurance due au
» locataire, lui confère une *action propre* et indépen-
» dante de celle de l'assuré ;.... »

Évidemment en reconnaissant une action personnelle et directe au propriétaire, la Cour de Nancy
assure, autant qu'il est possible, la réparation du
dommage subi par le sinistré ; en cela, elle est bien
dans la pensée de la loi. Cependant, nous croyons
devoir faire quelques réserves sur la façon dont la
Cour prétend justifier sa doctrine. Il ne nous paraît
pas exact de dire que notre loi « donne au propriétaire

une attribution directe sur l'indemnité d'assurance due au locataire », il suffit de relire le § 2 de l'art. III pour s'en convaincre, et pourtant, c'est la raison sur laquelle la Cour se base pour reconnaître au propriétaire une action propre et indépendante de celle de l'assuré. On comprendrait cette doctrine pour les indemnités d'assurances *directes* (art. II), les seules réellement *attribuées* par le législateur aux créanciers privilégiés ou hypothécaires, mais il nous semble qu'il y a une exagération réelle à l'appliquer aux indemnités d'assurances de *garanties* (recours locatif ou de voisinage). Dans cette dernière hypothèse, il ne s'agit pas d'attribution, mais tout au plus d'un *droit de préférence, exercé par voie de rétention.* Il nous paraît dès lors difficile, d'aller jusqu'à reconnaître au propriétaire une action directe. L'attribution véritable n'existant pas pour lui et le contrat d'assurance étant à son égard *res inter alios acta*, il nous semble qu'il ne peut poursuivre l'assureur, pour arriver à être dédommagé, qu'en exerçant, par préférence, les droits de son débiteur, le locataire auteur de l'assurance.

Si l'indemnité a été l'objet dans la police même, d'une délégation, comme cela se fait habituellement au cas d'assurance des risques locatifs au profit du bailleur, l'assureur ne saurait faire aucune difficulté de payer aux mains du sinistré, le responsable ayant disparu par suite de la délégation ou plutôt sa personnalité étant maintenant confondue avec celle du sinistré, qui seul signera la quittance.

Dans ces différentes hypothèses, l'indemnité reçoit sa destination légale, l'assureur est libéré et n'a rien à craindre par la suite de l'assuré responsable. Celui-ci ne peut se retourner contre lui, quand il sera poursuivi par le sinistré, (l'assurance ayant été insuffisante), pour la partie du dommage dont l'indemnité ne l'a pas couvert ; l'assuré responsable n'a-t-il pas été présent en droit au paiement et à la quittance en même temps que le sinistré ? Or, nous savons que cela suffit pour que le paiement de l'indemnité puisse se faire conformément au vœu du législateur.

Quant aux oppositions ou aux saisies-arrêts faites entre les mains de l'assureur du responsable, nous pensons qu'il n'a pas à s'en préoccuper, à moins qu'elles n'émanent des créanciers privilégiés ou hypothécaires du sinistré. On sait en effet, qu'en vertu du § 1er de l'art. III, les indemnités dues par le locataire ou le voisin responsables (art. 1733 et 1382) sont attribuées, de plein droit, aux créanciers qui avaient privilège ou hypothèque sur le bien sinistré ; or, c'est en totalité ou en partie, suivant que l'assurance est ou non suffisante, l'indemnité due par le responsable que l'assureur va verser, le responsable s'étant déchargé sur lui ; dans ces conditions, s'il payait malgré les avertissements qu'il a reçus, il ne pourrait invoquer la bonne foi. Mais nous

savons d'autre part que le dommage une fois régulièrement fixé, il peut se libérer en consignant
l'indemnité ; c'est ce qu'il pourra toujours faire
quand une contestation s'élèvera entre le sinistré et
ses créanciers privilégiés ou hypothécaires.

TROISIÈME PARTIE

Principales critiques. — Proposition Royer votée le 18 février 1893.
Lois étrangères, principales dispositions.

CHAPITRE I

DES PRINCIPALES CRITIQUES
ADRESSÉES A NOTRE LOI

Le journal « *Le Droit* » (1) dénonçait naguère
notre loi des 19 et 20 février 1889, comme une loi
détestable; qu'on en juge plutôt par cette fin d'article :
« quant au reste de la loi (c'est-à-dire les art. 2, 3, 4),
il est de salut public qu'il soit abrogé, et le plus vite
sera le mieux. Il y a à le maintenir péril pour
l'épargne, c'est-à-dire pour la moralité des citoyens ;

---

(1) Voir dans les Nᵒˢ des 26 et 28 juin 1889 les deux articles de
M. F. MALAPERT.

il y a péril pour le crédit ; il y a péril pour le Trésor public ; ce triple danger n'a pas été prévu : je le signale à nos jurisconsultes des deux Chambres. » Fort heureusement, l'honorable auteur de cet article s'exagérait grandement les dangers qu'il croyait devoir signaler, et l'excuse de la conclusion radicale et pessimiste qu'on vient de lire, est d'avoir été écrite presqu'au lendemain de l'apparition de notre loi. L'expérience de quatre années a montré que son application n'avait point apporté les effets désastreux qu'on redoutait. Le crédit, le Trésor public, l'épargne, sans oublier la moralité des citoyens, sont, à bien peu près, ce qu'ils étaient en 1889 ; seules, quelques plaintes justifiées d'ailleurs, se sont élevées, non contre le principe de notre loi, mais contre la façon quelquefois insuffisante dont elle en a fait elle-même application ; tel est le bilan de ces quatre années. On peut donc croire que l'idée qui lui donna naissance, à savoir : l'attribution des indemnités que l'on sait aux créanciers privilégiés ou hypothécaires comme au locataire ou au voisin, était excellente en elle-même et répondait, comme on le croyait bien, à une pensée de véritable équité. La timidité ou les oublis du législateur et les imperfections du texte ne sont pas des arguments suffisants pour condamner la disposition nouvelle, et tout compte fait, notre loi constitue un progrès indiscutable sur la législation antérieure.

On se rappelle une observation qui ne s'adresse qu'à l'ordre des dispositions contenues dans notre texte, mais qui pourtant a son importance. On peut se demander, en effet, pourquoi les dispositions figurant dans les premiers paragraphes des art. II et III n'ont pas été réunies dans un même article. Les deux genres d'indemnités dont il s'agit, les unes provenant d'assurances directes, les autres dues par la personne responsable du sinistre, ont la même destination en vertu de motifs identiques ; pourquoi les avoir séparées ? Pourquoi surtout avoir intercalé entre elles le paragraphe relatif aux paiements faits de bonne foi, qui s'applique aussi bien aux secondes qu'aux premières. Il n'y a là qu'une critique de pure forme, mais il était si facile de l'éviter en observant l'ordre logique.

Un premier reproche grave à adresser à notre loi, vise sa rédaction, laconique à l'excès, dans une de ses dispositions principales : nous voulons parler du § II de l'art. II, relatif aux paiements de bonne foi. On a pu se rendre compte des difficultés et des dangers résultant de ce laconisme, quand nous avons cherché à déterminer les droits et les obligations des débiteurs d'indemnités et des créanciers privilégiés ou hypothécaires les uns vis-à-vis des autres. Que peuvent-ils exiger? Que peut-on exiger d'eux? Quels doivent être, d'après la loi, leurs rapports, en vue de la réalisation du bénéfice qu'elle crée au profit des créanciers et en vue de la libération des débiteurs d'indemnités ? Les créanciers sont-ils tenus de se faire connaître ? De quelle façon le feront-ils ? L'assureur est-il tenu de chercher leur existence ? Par quel moyen ? Voilà autant de questions sur lesquelles la loi est muette, et pourtant d'une importance telle qu'elle n'aurait pas dû les laisser à l'interprétation. N'a-t-on pas remarqué que les décisions de la jurisprudence, auxquelles l'application de notre loi a donné lieu jusqu'à présent, et que nous avons recueillies avec soin, sont presque toutes intervenues à l'occasion du § II de l'art. II ?

Et puis, pourquoi parler de bonne foi dans une matière comme celle-ci ? Tout, au contraire, y est de droit strict. N'est-on pas en présence d'intérêts manifestement opposés ? celui de l'assureur qui désirera toujours se libérer promptement (1) et celui des créanciers qui auront d'autant plus de chances de se voir attribuer l'indemnité qu'on en différera plus longtemps le paiement. Parler de bonne foi, n'est-ce pas les inciter à contester les paiements, sous prétexte qu'ils n'ont pas eu le temps de se faire connaître ou qu'on les a mal cherchés ? Ce n'est pas tout d'avoir posé un principe nouveau comme celui de l'attribution, il fallait encore réglementer sa réalisation

____

(1) Le sinistré, de son côté, pressera le paiement de l'indemnité, qu'il soit décidé ou non à l'employer au rétablissement de l'objet sinistré.

d'une façon suffisante pour éclairer les intéressés et peut-être aussi les magistrats. En l'absence d'une disposition formelle, nous avons vu qu'il était impossible d'obliger les assureurs ou les responsables à se livrer à une enquête quelconque, la bornât-on à la levée d'un état hypothécaire, et que, dès lors, les assureurs pouvaient se libérer valablement, l'indemnité une fois fixée, s'ils payaient conformément à la situation dont ils avaient connaissance à ce moment. Mais nous pouvons regretter que le législateur, voulant protéger les débiteurs d'indemnités contre toute poursuite postérieure au paiement, préoccupation fort louable d'ailleurs, ne les ait défendus que par la possibilité de paiements faits de bonne foi. Dans un intérêt plus général, combien n'eût-il pas été préférable qu'il leur imposât 1° *un délai* (1), avant l'expiration duquel il leur eût été défendu de se dessaisir des deniers ; 2° *un acte de publicité* quelconque aussi simple que possible, faisant connaître qu'une indemnité provenant de l'assurance de tel bien grevé sera payée à qui de droit à telle date : avis aux créanciers attributaires. Les menus frais de cet acte, fait dans l'intérêt des créanciers, auraient été

------

(1) La loi prussienne du 17 mai 1884 impose, dans son article 3, un délai de quatre semaines. Voir l'annuaire de législation étrangère, 1885, p. 205. — La proposition Royer, comme on le verra, pourra combler cette lacune.

retenus sur l'indemnité. La situation des débiteurs d'indemnités en aurait été singulièrement améliorée. Une réclamation s'élevait-elle ? ils se seraient contentés de répondre : nous avons observé le délai prescrit ; la publicité a été faite, l'indemnité a été mise à la disposition de ceux qui ont fait connaître leurs titres dans le délai ; ils ont dû se payer entre eux ; voici d'ailleurs une quittance. Le législateur, du même coup, ne donnait-il pas satisfaction, dans la mesure du possible, aux intérêts des créanciers privilégiés ou hypothécaires ? Il les rendait plus vigilants, puisqu'ils savaient qu'ils pouvaient se trouver forclos, tout en leur laissant, pour révéler leur existence, un délai qui les protégeait contre la hâte intéressée et compréhensible de l'assureur et du sinistré.

L'assimilation que l'on voulait complète, les travaux préparatoires le prouvent, de l'indemnité à attribuer au prix de vente d'un bien grevé, aurait dû suggérer au législateur l'idée de quelque procédure, certainement beaucoup plus simple, mais analogue à la purge. C'était dans les articles du Code qui l'organisent qu'on aurait pu prendre la meilleure inspiration de ce qui fût devenu une protection véritable pour les débiteurs d'indemnités, comme pour les créanciers. M. Labbé, dès 1876, dans l'intéressante étude que nous avons précédemment citée, signalait cette nécessité de la création d'une procédure comparable

à la purge, et s'étonnait de voir que les lois étrangères , qui consacraient déjà alors le principe de
l'attribution légale, comme le fait actuellement notre
loi, « n'y aient pas pourvu » (1).

Il ne faut pas hésiter à blâmer le législateur d'avoir
conçu une application si restreinte du principe très
équitable qu'il posait, à savoir : le transport des privilèges et hypothèques du bien sur lequel ils portaient , sur l'indemnité payée à l'occasion de la
détérioration ou de la destruction de ce bien. Pourquoi avoir limité l'application de ce principe aux
indemnités dues par les assureurs, par les voisins
ou locataires responsables ? Pourquoi avoir voulu
préciser nommément ? Il a statué sur les hypothèses
qui lui étaient soumises , dira-t-on. Sans doute, mais
comment ne s'est-il pas aperçu de la fréquence d'hypothèses similaires où une indemnité pouvait être
due à l'occasion de la détérioration ou de la destruction d'un bien grevé ? Pourquoi surtout, ne s'est-il
pas rendu compte de l'utilité qu'il y avait à se servir
d'une formule générale , dans le genre de celle
employée par le législateur belge, de 1851 , qui,
après avoir édicté le principe de l'attribution légale
sur l'indemnité due par suite d'assurance , ajoutait :
« il en sera de même de toute indemnité qui serait

____

(1) Voir la *Revue critique*, 1876, p. 686.

due par des tiers, à raison de la perte ou de la détérioration de l'objet grevé de privilèges ou d'hypothèques ».

Dans le § II de l'art. III nous trouvons encore le législateur en défaut. Il faut d'abord lui reprocher une rédaction vraiment peu heureuse. En effet, en suivant la lettre de ce paragraphe, il semble que pour opérer la libération des parties, deux paiements, avec des fonds différents, soient nécessaires : le responsable devrait d'abord dédommager le sinistré, puis l'assureur de responsabilité pourrait ensuite désintéresser le responsable. Si l'on voulait se conformer à la lettre même de ce texte, la conséquence serait, que, le plus souvent la libération du responsable, comme celle de son assureur, deviendrait impossible. En effet, le responsable assuré, locataire ou voisin, privé lui-même de ressources et de crédit par le sinistre, ne pourrait trouver l'argent nécessaire pour dédommager le sinistré, et par suite, il ne pourrait toucher l'indemnité qu'il avait stipulée pour couvrir sa responsabilité. L'assurance deviendrait donc inutile. Nous avons vu comment l'intention bien interprétée de la loi et la connaissance de son but autorisaient à faire bon marché de sa rédaction : il s'agit, en effet, avant tout, d'arriver au désintéressement de la victime. Le législateur aurait dû voir, que pour atteindre ce résultat, il était préférable de dire que l'indemnité de l'assurance de responsabilité était de plein droit attribuée à la victime, ou, ce qui eût été mieux encore, de créer un privilège à son profit; c'était la seule façon de la protéger d'une manière efficace. Rien ne peut justifier la crainte que le législateur manifestait à la pensée d'un privilège nouveau, qu'il devra bien finir par reconnaître.

CHAPITRE II

PROPOSITION ROYER COMPLÉTANT LE § II DE L'ART. II

Nous croyons intéressant de signaler une proposition de loi déposée à la Chambre, le 8 mai 1891 et dont M. Royer, député de l'Aube, est l'auteur. Amendée et complétée par les soins de la Commission qui l'examina (1), elle a été adoptée par la Chambre, en première lecture et sans discussion (2), dans la séance du 18 février 1893. Comme on pouvait le prévoir, c'est le § II de l'art. 2 et quelques-unes des difficultés qu'il soulève, que vise cette proposition. Elle est ainsi conçue :

« Article unique. — Le deuxième paragraphe de » l'art. 2 de la loi du 19 février 1889 est complété » ainsi qu'il suit :

» Vaudra comme opposition, lorsque l'assureur

____

(1) Voir *Journal Officiel*, Doc. parl. Chambre, 1892, p. 1279, annexe N° 2173.

(2) Voir le *Journal Officiel* du 19 février 1893.

» ne réparera ou ne reconstruira pas les bâtiments
» endommagés ou détruits, l'inscription existante
» du chef de l'assuré et de la personne désignée en
» la police comme ayant des droits de propriété,
» d'usufruit ou d'habitation sur les dits bâtiments.

» A cet effet, l'assureur sera tenu à l'expiration
» de la quinzaine du sinistre, de lever sur eux, au
» bureau des hypothèques, un état comprenant les
» charges existantes au jour du sinistre et celles qui
» auront été inscrites dans ce délai de quinzaine, en
» vertu d'un titre antérieur à l'incendie.

» Il devra prévenir du sinistre, les créanciers dont
» l'existence lui aura été ainsi révélée. Cet avertis-
» sement sera donné, aussitôt la délivrance de l'état,
» par lettres recommandées adressées à domicile élu.

» Il retiendra par privilège les frais d'état et de
» recommandation des lettres d'avis sur le montant
» de l'indemnité.

» Les créanciers hypothécaires ou privilégiés,
» dispensés de prendre inscription, et les créanciers
» hypothécaires ou privilégiés du chef des anciens
» propriétaires, pourront faire valoir leurs droits sur
» cette indemnité jusqu'au paiement ou jusqu'à ce
» que la distribution soit devenue définitive.

» Si, dans le délai d'un mois, à partir de la commu-
» nication de l'état par l'assureur à l'assuré, les inté-
» ressés ne s'entendent pas sur la distribution
» amiable, l'assureur sera tenu de consigner l'indem-

» nité sans offres réelles préalables. Même après
» l'expiration de ce délai, la consignation ne pourra
» avoir lieu que sur la réquisition de l'un des
» intéressés. »

Comme on le voit, cette proposition de loi dont on peut désirer l'adoption définitive, est toute à l'avantage des créanciers. Ceux dont le droit est soumis à la formalité de l'inscription, sont particulièrement favorisés. Cependant, il ne faudrait pas s'exagérer l'excellence de cette disposition. Évidemment, les créanciers titulaires d'hypothèques consenties par le propriétaire actuel du bien sinistré, l'inscription une fois prise, sont à l'abri de toute éventualité fâcheuse pour eux. Ils seront certainement colloqués sur le montant de l'indemnité, sans qu'ils aient à intervenir dans la moindre mesure près de l'assureur ; l'inscription vaut opposition, l'assureur est tenu de lever un état des charges hypothécaires, et de plus, il doit aussitôt prévenir du sinistre les créanciers dont l'existence lui aura été ainsi révélée ; tout cela est parfait. Mais il peut exister d'autres créanciers hypothécaires ayant des droits sur l'indemnité, puisqu'ils en avaient sur le bien sinistré, et qui, bien que leur hypothèque ait été inscrite, seront encore exposés à être oubliés, s'ils ne prennent soin de faire opposition aux mains de l'assureur. Nous voulons parler des créanciers titulaires d'hypothèques ins-

crites du chef des précédents propriétaires. Expli-
quons-nous : on sait qu'il n'existe pas en France,
comme dans certains pays, de cadastre hypothécaire;
le registre du conservateur n'est pas tenu à jour par
rapport à l'état de chaque propriété ; il contient
simplement, par ordre alphabétique, la liste des noms
des personnes dont les biens sont frappés d'hypothèques en totalité ou en partie, avec le détail de la
situation du bien, le montant du capital des créances,
la date de l'inscription, etc. En s'adressant au bureau
des hypothèques, l'assureur demandera la liste des
créanciers de M. X...., l'assuré, propriétaire actuel
du bien sinistré, et non la liste des hypothèques qui
peuvent encore exister du chef du propriétaire antérieur dont il ignore le nom. Il nous semble donc, que
la proposition Royer pourrait être utilement complétée par l'obligation, imposée au sinistré, de remettre
son titre de propriété à l'assureur; à l'aide de ce titre,
l'assureur pourrait faire procéder à la recherche des
créanciers hypothécaires pouvant exister du chef
du précédent propriétaire, puis leur envoyer des
lettres d'avis, ce ne serait là qu'une formalité simple
et peu coûteuse. La faculté que le cinquième alinéa
leur reconnaît comme aux créanciers à hypothèque
légale, de faire valoir leurs droits jusqu'au paiement
ou jusqu'à ce que la distribution soit devenue définitive, ne nous paraît pas suffisante ; la remise du
titre de propriété à l'assureur et un acte de publicité

quelconque à lui imposé, nous semble de nature à les garantir beaucoup mieux contre un paiement de l'indemnité, préjudiciable à leurs intérêts. En ce qui concerne les créanciers dont le droit n'est pas soumis à la formalité de l'inscription, en particulier les créanciers à hypothèque légale, leur situation est sans doute aussi améliorée, puisque l'assureur, en fait, ne pourra plus payer l'indemnité, sinon au bout d'une vingtaine de jours au minimum. Ce délai augmentera les chances qu'ils peuvent avoir de connaître l'existence de l'indemnité et d'être colloqués en se révélant à l'assureur ; mais un acte de publicité viendrait heureusement, croyons-nous, compléter l'idée de ce délai.

Quant à l'assureur, les avantages qu'il retirera de la nouvelle disposition, au point de vue de la certitude de sa libération, compenseront bien le dérangement peu considérable d'ailleurs, et dont il lui est tenu compte, de la levée d'un état hypothécaire et de l'envoi de lettres d'avis adressées aux créanciers ; ses rapports avec ces derniers sont beaucoup mieux définis dans la proposition Royer que dans la loi actuelle; il ne peut lui aussi, qu'en désirer l'adoption définitive.

CHAPITRE III

LOIS ÉTRANGÈRES

PRINCIPALES DISPOSITIONS.

Comme nous l'avons déjà fait remarquer, plusieurs législations étrangères avaient devancé la législation française, en édictant le principe si équitable de l'attribution légale, au profit des créanciers privilégiés ou hypothécaires, sur l'indemnité d'assurance. *La Belgique*, dès 1851, le consacrait dans l'art. 10 de sa loi hypothécaire (1). Nous avons eu déjà l'occasion de faire plusieurs observations sur ce texte (2), d'une façon générale, mieux conçu que le nôtre ; il peut être utile d'en présenter une dernière. Nous croyons que la loi belge a bien fait de suspendre

---

(1) Les articles 6, 7 et 8 de la loi du 11 juin 1874, sur les assurances, sont conçus dans le même sens.

(2) Voir la section II du chapitre 1er et le chapitre 1er *in fine* de la 3e partie.

l'application du principe de l'attribution, dans le cas
où l'indemnité est employée par l'assureur à la réparation de l'objet assuré. Cet emploi de l'indemnité,
et en cela encore, le texte belge est supérieur au
nôtre, semble reconnu à l'assureur, comme un véritable droit, vraisemblablement basé sur des motifs
d'utilité sociale, en dehors de toute stipulation particulière contenue dans la police.

En Allemagne, on s'attache non seulement à
reconnaître aux créanciers le bénéfice de l'attribution,
mais encore à organiser la mise en pratique du principe nouveau. En 1872 (5 mai), la loi prussienne sur
le régime hypothécaire contenait un art. 30 ainsi
conçu : « l'inscription.... frappe l'indemnité d'assurance allouée au propriétaire pour fruits, dépendances
ou bâtiments incendiés ou endommagés par le feu, à
moins que cette indemnité ne doive être employée,
d'après la police d'assurance, à la reconstruction des
bâtiments » (1).

En 1881, une loi spéciale à l'*Alsace-Lorraine* (2),
commençait à organiser la mise en œuvre de cet
article. Mais, en 1884 (17 mai), paraissait une loi,
inspirée par la précédente, applicable dans tout le
ressort de l'ancienne Cour d'appel de Cologne, et qui

---

(1) Voir la *Revue Critique*, 1876, p. 685.

(2) Voir *Annuaire de législation étrangère*, 1882, p. 292 et suiv.

semble être la plus complète, actuellement en vigueur, sur notre matière. Nous ne pouvons nous dispenser d'en donner le texte dans ses parties principales :

« Art. 1er. — Les indemnités attribuées au propriétaire en vertu d'une assurance contre l'incendie, la foudre ou les explosions, applicable à un bâtiment ou aux objets dépendant d'un fonds et réputés immeubles, sont affectées à la garantie des créanciers ayant sur le bâtiment ou sur le fonds un privilège ou une hypothèque à l'époque où le dommage s'est produit, dans l'ordre déterminé par leur rang respectif. Cette disposition s'applique à l'indemnité d'assurance sur des récoltes, dans le cas seulement où elles se trouvent affectées à la garantie des créanciers hypothécaires.

» Le transport ou la mise en gage de la créance d'indemnité est sans effet à l'égard des créanciers privilégiés ou hypothécaires.

» L'inscription des privilèges et hypothèques peut être utilement prise en vue du droit à l'indemnité d'assurance, même après que le dommage s'est produit, sous réserve des dispositions de la présente loi (art. 3, 2e alin.) qui pourraient y faire obstacle. » (c'est-à-dire sous réserve du délai et de la forme de la dénonciation).

« Art. 2. — Moyennant la déclaration que le

créancier privilégié ou hypothécaire fait de son droit à l'assureur ; l'assureur est tenu de donner immédiatement avis au créancier, par lettre recommandée, à la dernière adresse indiquée :

» 1° *Du défaut du renouvellement de l'assurance,* de la réduction de la somme assurée ou tout autre événement parvenu à sa connaissance, *et de nature à entraîner la résiliation de l'assurance* ou le refus du paiement de l'indemnité ;

» 2° *De toute contestation relative à l'obligation* de l'assureur ;

» 3° *De l'arrivée de tout dommage auquel l'assurance est applicable.* . En ce cas, l'avis doit être donné dans les trois jours, à compter du moment où l'assureur a eu connaissance de l'événement.

» L'inobservation des prescriptions qui précèdent, oblige l'assureur à indemniser le créancier du préjudice qui peut en résulter pour lui. »

« Art. 3. — L'indemnité d'assurance ne peut être payée avant l'expiration d'un délai de quatre semaines.... Dans ce délai, tout créancier privilégié ou hypothécaire qui veut demander l'attribution à son profit, doit en faire la déclaration à l'assureur. Cette déclaration est faite par ministère d'huissier. Elle doit contenir : noms, désignation de titre, montant de la créance etc.... »

L'art. 4 organise la consignation sans offres préalables ; elle est toujours un droit pour l'assureur.

L'art. 5 organise les formalités préparatoires à l'ouverture de l'ordre. A noter dans cet article l'alinéa 5 par lequel le créancier qui a omis de faire sa dénonciation, est admis à produire jusqu'à la clôture de l'ordre, et l'alinéa 7 qui décide que la radiation des hypothèques n'est ordonnée, sur la quittance des créanciers, que jusqu'à concurrence des collocations obtenues en ordre utile. Les créanciers non colloqués conservent leur hypothèque à son rang sur l'immeuble.

L'art. 6 et l'art. 7 suspendent l'application de la loi : le premier, lorsqu'une saisie a été faite sur l'immeuble antérieurement au sinistre ; le second, lorsque l'indemnité est employée au rétablissement de l'objet assuré, ce qui est toujours un droit pour l'assureur, à charge d'en avertir les créanciers par lettre recommandée et de fournir une garantie si ces derniers le jugent bon (1).

En Italie, la loi du 23 janvier 1887, sur le crédit agricole, contient un art. 12 ainsi conçu : « si les objets soumis au privilège (des établissements qui font des opérations de crédit agricole) sont assurés, les sommes dues par les assureurs, à titre d'indemnité

____

(1) Voir l'*Annuaire de législation étrangère*, 1885, pages 203 et suiv.

pour pertes ou dommages, sont affectées au paiement de la créance privilégiée, selon son rang, à moins que ces mêmes sommes ne soient employées à réparer la perte ou le dommage. » (1)

Signalons encore, dans le canton d'*Unterwald*, une loi, du 24 avril 1887, qui consacre le principe de l'attribution légale au profit des créanciers hypothécaires. Mais si le propriétaire a un droit de préférence sur l'indemnité, dans le cas où il déclare vouloir reconstruire le bâtiment sinistré, un délai lui est imparti par une commission supérieure de justice, pour faire cette déclaration et reconstruire. Toutefois l'indemnité reste saisie au profit des créanciers, et le propriétaire ne la touche que par fractions suivant les besoins et les progrès de la construction (2).

Depuis notre loi, nous trouvons dans le nouveau *Code civil espagnol*, promulgué au mois de juillet 1889, un art. 1877 ainsi conçu : « L'hypothèque s'étend aux accessoires naturels, aux améliorations, aux fruits pendants et aux moissons non récoltées à l'échéance de l'obligation, ainsi qu'à l'importance des indemnités concédées ou dues au propriétaire par les assureurs des biens hypothéqués, ou en vertu d'une expropriation pour utilité publique, dans les

______

(1) Voir l'*Annuaire de législation étrangère*, 1888, page 496.

(2) Voir   *id.*   *id.*   *id.*,   1888, page 700.

limites et l'étendue fixées par la loi, que le fonds soit resté au pouvoir de celui qui l'a hypothéqué, ou qu'il soit passé aux mains d'un tiers. » (1)

Dans le grand duché de *Luxembourg*, le 16 avril 1891, paraissait une loi très complète sur notre matière (2). Citons quelques-uns des principaux articles.

« Art. 6. — Lorsqu'en vertu d'un contrat d'assurance, une indemnité est due au propriétaire, soit d'un immeuble, soit de récoltes ou de tous autres effets mobiliers, cette indemnité, si elle n'est, conformément aux clauses du contrat, appliquée à la réparation ou au remplacement des objets assurés, est affectée au paiement des créances privilégiées ou hypothécaires selon le rang de chacune d'elles. — Pour le cas où le contrat d'assurance ne contient aucune stipulation à cet égard, l'assuré peut être autorisé par le juge de paix de la situation des biens, les créanciers opposants dûment appelés, à employer l'indemnité à la reconstruction, à la réparation ou au remplacement des objets. — L'assurance paye sur le vu des pièces justificatives. »

« Art. 7. — Lorsque des objets mobiliers ont été

----

(1) V. le Code civil espagnol promulgué le 14 juillet 1889, traduction LEVÉ, Paris, 1889.

(2) V. *Annuaire de législation étrangère*, 1892, p. 629 et suiv.

assurés, le paiement de l'indemnité fait à l'assuré libère l'assureur, s'il n'a point été formé d'opposition entre ses mains avant le quinzième jour après celui du sinistre. »

« Art. 35. — .... L'indemnité est payée en argent, à moins que l'assureur ne demande qu'elle soit employée à la reconstruction des bâtiments assurés. Dans ce dernier cas, l'assureur a le droit de veiller à ce que la somme dont il est tenu, soit employée à cette fin, il ne paie l'indemnité qu'à mesure de la reconstruction. — Dans le même cas, l'assureur peut aussi employer l'indemnité à faire réparer ou reconstruire le bâtiment sous la direction d'un architecte-expert, désigné par le juge de référé du tribunal de la situation de l'immeuble..... Dans tous les cas de réfection demandée par l'assureur, celui-ci sera tenu de bonifier au bénéficiaire les intérêts légaux de l'indemnité, depuis la fixation jusqu'à son emploi justifié. »

« Art. 36. — Lorsque l'assurance a pour objet les risques locatifs ou les risques du recours du voisin, l'assureur, en cas de sinistre, n'est tenu que des dommages matériels qui en sont la suite immédiate et directe. »

« Art. 37. — En cas d'incendie d'un immeuble, l'indemnité due au locataire qui se fait assurer contre le risque locatif, est dévolue au propriétaire de

l'immeuble, à l'exclusion des créanciers de l'assuré.
— De même, l'indemnité due par l'assureur des
risques du recours des voisins, appartient exclusivement à ceux-ci. Le tout sans préjudice des droits
du propriétaire ou des voisins dans le cas où l'indemnité ne les couvrirait pas de la perte. »

Enfin citons en terminant l'art. 1067 du *projet de
Code civil allemand*. « En vertu de l'hypothèque le
créancier a pour gage : .... 5° les créances du propriétaire ou du possesseur de l'immeuble résultant
de l'assurance d'objets qui sont le gage du créancier
en vertu de l'hypothèque. » (1)

---

(1) V. le projet de Code civil allemand, traduction RAOUL DE LA
GRASSERIE. Paris, 1889.

POSITIONS

DROIT ROMAIN

POSITIONS DANS LA THÈSE

I. — Les pontifes furent les premiers jurisconsultes de la Rome ancienne.

II. — L'interprétation des pontifes constituait, dans l'ancien droit, la partie la plus importante du *jus civile*.

III. — Les pontifes, même avant la loi des XII tables, ne remplirent jamais qu'un rôle officieux dans l'administration de la justice civile, mais il était prépondérant.

POSITIONS HORS DE LA THÈSE

I. — Le simple échange des consentements ne suffit pas pour accomplir le mariage.

II. — Une fiction de rétroactivité explique les effets de l'adrogation, en faisant remonter l'existence du lien civil créé par elle au jour de la naissance de l'adrogé.

19*

III. — Le créancier qui agit *pendente conditione*, ne commet pas une *plus petitio*.

IV. — Dans l'action négatoire, le demandeur doit prouver l'inexistence de la servitude.

DROIT FRANÇAIS

POSITIONS DANS LA THÈSE

I. — Le bénéfice de l'attribution créé par la loi du 19 février 1889 au profit des créanciers privilégiés ou hypothécaires, ne peut s'expliquer que par l'idée d'une fiction de survivance des privilèges et des hypothèques au bien sur lequel ils portaient.

II. — Le débiteur d'indemnité paie de bonne foi et se libère, alors même qu'il n'a pas cherché à connaître les privilèges ou hypothèques qui pouvaient exister sur le bien sinistré.

III. — L'indemnité ayant été régulièrement fixée, en cas de contestation au sujet du rang ou des titres des créanciers attributaires, le débiteur de l'indemnité pourra toujours se libérer en la déposant à la caisse des dépôts et consignations.

IV. — La création d'un privilège, au profit des sinistrés, portant sur l'indemnité due par l'assureur de la responsabilité, est seule de nature à les protéger efficacement dans les hypothèses prévues par le § II de l'art. III.

POSITIONS HORS DE LA THÈSE

DROIT CIVIL.

I. — La reconnaissance d'un enfant naturel faite dans un testament authentique subsiste malgré la révocation du testament.

II. — L'héritier qui a laissé se prescrire son droit d'option ne peut plus renoncer à la succession.

III. — L'héritier renonçant ne doit pas être compté pour le calcul de la réserve.

IV. — Le nu propriétaire ne peut, à la mort de l'usufruitier, se prévaloir d'un contrat d'assurance passé par celui-ci.

DROIT CONSTITUTIONNEL.

Si on excepte la forme républicaine qui, aux termes de l'art. 2 de la loi du 14 août 1884, ne peut pas être remise en question, les pouvoirs de révision de l'Assemblée nationale sont illimités, même dans les cas où les points à reviser ont été indiqués dans les délibérations préalables des deux Chambres.

DROIT CRIMINEL.

Dans le calcul de la peine, l'aggravation pour cause de récidive doit précéder l'atténuation pour cause de circonstances atténuantes.

DROIT INTERNATIONAL PUBLIC.

I. — Pour être obligatoire, le blocus doit être effectif.

II. — Le pape est un souverain.

<table>
<tr><td align="center">VU :
Les Membres de la Commission,
P. LOUIS-LUCAS.
Fr. GENY,</td><td align="center">VU :
Le Doyen de la Faculté,
E. BAILLY.</td></tr>
</table>

Dijon, le 6 février 1894.

VU ET PERMIS D'IMPRIMER :

Le Recteur,

Gaston BIZOS.

TABLE DES MATIÈRES

DROIT ROMAIN.

Pages.

INDEX BIBLIOGRAPHIQUE...................................... 1

INTRODUCTION... 3

CHAPITRE I. — **De l'état civil des personnes.** — La *lustratio*, les *Bullæ*, le Cens, les communautés *Pagi* et *Vici*. 14

CHAPITRE II. — **Du mariage.** — La *Confarreatio* et les Pontifes. — Importance historique de cette institution, de l'*Enuptio*, de la *Diffareatio*............................... 23

CHAPITRE III.— **De l'adrogation.**— Notions sommaires.— But et danger de l'adrogation, enquête pontificale.—Formule de l'adrogation.— Serment de l'adrogeant, quelques remarques sur l'association aux *sacra* de ce dernier............ 44

CHAPITRE IV. — **De la propriété.** — Des *res humani et divini juris*, la permanence de l'*heredium* et les pontifes, les *res Sacræ, sanctæ* et *religiosæ* — De la *lex dedicationis*. — De l'*exauguratio*.—Comment des biens sont distraits du domaine civil ou restitués au *commercium*. — Du *jus sepulcri*..................................... 57

CHAPITRE V. — **Des successions.** — Les *Sacra* commandent la délation héréditaire. — *Heredium* et *Consortium*. — Détaveur du partage, de la *desertio*. — Utilité du testament, les pontifes et le testament comitial.—De la *Multa testamentoria*. — Les héritiers testamentaires et les *Sacra* suivant les règles pontificales................. 74

CHAPITRE VI. — **Les Pontifes et l'administration de la justice.** — Furent-ils juges? — Examen de la loi 2 § 6 au Dig. de Orig. Juris. I, II. Opinion de M. Accarias................................... 88

CHAPITRE VII. — **Les Pontifes et la procédure.** — *Actus legitimi.* — *Ligitimæ actiones.* — Le calendrier judiciaire. — Divulgation des archives pontificales. — Ruine de l'influence civile et politique des pontifes....... 102

DROIT FRANÇAIS

PRÉLIMINAIRES. — Histoire et texte de la loi........... 119

PREMIÈRE PARTIE.

DE L'ATTRIBUTION DES INDEMNITÉS DUES PAR SUITE D'ASSURANCES CONTRE LES SINISTRES (ART. 2) ET DE QUELQUES AUTRES INDEMNITÉS (ART. 3 § 1).

CHAPITRE I. — **Des indemnités de l'art. 2**......... 127

Section 1. — Sens général de la loi..................... 127

Section II. — Situation des créanciers privilégiés ou hypothécaires antérieurement à la loi....................... 132

Section III. — De la nature du droit reconnu aux créanciers privilégiés ou hypothécaires par la loi de 1889. ....,.... 153

Section IV. — Pourrait-on convenir d'une dérogation à l'attribution légale ? 158

Section V. — Quelles sont les indemnités tombant sous l'application de l'art. II 160

Section VI. — Les indemnités doivent être exclusivement le produit d'une assurance 161

Section VII. — Les indemnités doivent provenir d'une assurance de chose susceptible d'hypothèque ou de privilège.. 172

Section VIII. — L'assurance doit avoir été contractée contre un fléau ou un accident quelconque..................... 173

CHAPITRE II. — **Des indemnités de l'art. 3 § Ier**..... 179

Section I. — Quelle est la portée exacte du § Ier de l'art. 3 ? 182

Section II. — Que faut-il entendre par locataire et par voisin? 186

SECTION III. — Remarques sur l'application de l'art. 3 § Ier.. 188

CHAPITRE III. — **Des créanciers attributaires.** — Quels sont les créanciers qui peuvent bénéficier de l'attribution.. 192

SECTION I. — Des conditions mises à l'exercice de l'attrition au profit des créanciers privilégiés............... 196

SECTION II. — De l'opposition éventuelle des créanciers hypothécaires ou privilégiés. — Utilité de cette mesure...... 199

SECTION III. — De l'intervention justifiée de nos créanciers avant le sinistre.................................... 204

CHAPITRE IV. — **Du paiement des indemnités**...... 207

SECTION I. — Des opérations préparatoires au paiement ... 207

SECTION II. — Du paiement........................... 212

SECTION III. — Des paiements faits de bonne foi............ 223

SECTION IV. — *Quid* des droits de nos créanciers dans le cas de rétablissement en nature des objets sinistrés........... 227

DEUXIÈME PARTIE.

DE L'ATTRIBUTION DES INDEMNITÉS DUES PAR SUITE D'ASSURANCES DE RESPONSABILITÉ (ART. 3 § II).

NOTIONS SOMMAIRES..................................... 229

CHAPITRE I. — **Doctrine et jurisprudence antérieures**.. 234

CHAPITRE II. — **Examen du § II de l'art. 3**......... 246

SECTION I. — But de cette disposition, son insuffisance..... 246

SECTION II. — De la portée et des effets du § II de l'art. 3.. 250

TROISIÈME PARTIE.

PRINCIPALES CRITIQUES. — PROPOSITION ROYER VOTÉE LE 18 FEVRIER 1893. LOIS ÉTRANGÈRES, PRINCIPALES DISPOSITIONS.

CHAPITRE Ier. — **Des principales critiques adressées à notre loi**........................... 262

CHAPITRE II. — **De la proposition Royer votée le 18 février 1893**................................ 270

CHAPITRE III. — **Législation étrangère des principales dispositions concernant notre matière** 275

POSITIONS. — Droit Romain 285
               Droit Français............................. 286

Bibliothèque des Professions

Industrielles, Commerciales et Libérales

GUIDE PRATIQUE DU CONSTRUCTEUR

★ ★

Fabrication et emploi des nouveaux

Matériaux Artificiels

POUR LA

CONSTRUCTION MODERNE

Matières premières · argile, chaux, silice, sable, agglomérés, etc. Fabrication des briques d'argile et de sable, tuiles, poteries, carreaux. Pierres artificielles, ciment et béton. Verre armé. Pavages et linoléum.

PAR

H. de GRAFFIGNY

INGÉNIEUR CIVIL

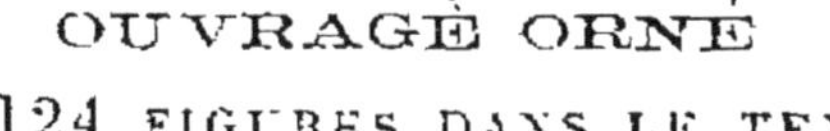

OUVRAGE ORNÉ

DE 124 FIGURES DANS LE TEXTE

ET HORS TEXTE

PARIS

J. HETZEL, ÉDITEUR

18, RUE JACOB, 18